Dein Augenblick

HARZ

Die Qualität eines Augenblicks hängt vom Blickwinkel ab. Wir zeigen dir Aussichten, für die sich der Anstieg lohnt, und verraten, wo du die besten Ansichten im Harz erlebst.

Legende

Rhumequelle – Rotenberg

Diese Wanderung führt unter anderem zu einer der am stärksten schüttenden Quellen Europas. **Seite 28**

Buntenbocker Teiche – Innerstesprung

Der Innerste entlang gelangt man in einen wunderschönen Winkel des Harzes. **Seite 34**

Granestausee – Hahnenklee

Hinauf zum Bocksberg, der ein ganz hervorragendes Panorama bietet. **Seite 52**

Goslar – Okertal – Rammelsberg

Diese Wanderung verläuft von der Weltkulturerbestadt Goslar am Harznordrand auf dem Europäischen Weitwanderweg E6 durch das imposante Okertal. **Seite 58**

Wildemann – Iberg

Vom Kneippkurort zu einem Aussichtsturm und weiter zu einer der großen Schauhöhlen des Harzes. **Seite 40**

Bocksberg und Schalke

Eine Wald-, Panorama- und Teichewanderung mit exzellenten Ausblicken. **Seite 46**

Romkerhalle – Ahrendsberg – Kästehaus

Mit dem Ahrensberg und den Kästeklippen berührt diese Tour tolle Aussichtsplätze über dem Okertal. Trittsicherheit notwendig! **Seite 64**

Entlang dem Okerstausee

Der Werksweg auf der Waldseite des Okerstausees bietet weite Ausblicke auf den größten See im Westharz. **Seite 70**

Bad Harzburg – Königskrug

Der Kaiserweg präsentiert sich auf seiner ersten Etappe teils als bequemer Forstweg, teils als Fels- und Wurzelweg – aber stets als genussvolle Wanderroute. **Seite 76**

Achtermann ab Oderbrück

Diese Waldwanderung führt uns in die Quellgebiete von Oder, Abbe, Ecker und Bode. **Seite 82**

St. Andreasberg – Bad Lauterberg

Vom Luftkurort Sankt Andreasberg ins Kneippheilbad Bad Lauterberg im Südharz. **Seite 88**

Oderteich – Hahnenkleeklippen

Vom Oderhaus führt diese Talwanderung durch das tief eingeschnittene obere Odertal zum Oderteich, dem ältesten Oberharzer Stauteich. **Seite 94**

Walkenried – Himmelreich

Ein Südharz-Rundweg von den gotischen Ruinen des Klosters Walkenried durch die Laubwälder des Himmelreich-Gipsmassivs. **Seite 100**

Ilsenburg – Westerberg

Durch einsame Wälder wandern wir zu den luftigen Klippen über dem Ilsetal. **Seite 106**

Ilsefälle und Ilsestein

Wasserfälle, urwüchsige Buchenwälder und schroffe Felsszenerien – Herz, was begehrts du mehr im Schluchtabschnitt des Ilsetals? **Seite 112**

Die Brocken-Rundwanderung

Der Brocken-Rundwanderweg leitet als exzellenter Panoramaweg vom Brockenbahnhof durch die Hänge und auf den höchsten Gipfel im deutschen Norden. **Seite 124**

Schierke – Bodesprung

Diese bequeme Talwanderung führt auf fast durchgehend radfähigen Wegen im Nationalpark Harz zur Quelle der Kalten Bode und im Hang des Königsbergs zurück. **Seite 130**

16

Brocken über Eckerlochstieg

Diese recht steile, aber wunderbar naturbelassene Route auf den höchsten Berg im Harz legt das Schnüren fester Wanderschuhe nahe. **Seite 118**

19

Elend – Schnarcherklippen

Schnarchende Felsen? Nein, aber jede Menge Naturerlebnisse im und über dem Elendstal (das seinen Namen natürlich auch nicht wirklich verdient). **Seite 136**

20

Steinerne Renne – Hohneklippen

Auf in den Steinharz! Diese lange Rundtour erschließt einige der aussichtsreichsten und markantesten Landmarken des Gebirges. **Seite 142**

23

Königshütte – Trautenstein – Tanne

Eine Talwanderung von Königshütte längs der Warmen Bode aufwärts in den Erholungsort Tanne. **Seite 162**

24

Rappbodetalsperre – Wendefurth – Neuwerk

Eine Seenrunde mit höchst luftigem Touren-Höhepunkt! **Seite 168**

Wernigerode Altstadt – Schloss – Lustgarten

Von der Fachwerk-Altstadt von Wernigerode geht's hinauf zum Schloss Wernigerode.

Brocken über Glashüttenweg

Der überwiegend durch Wald führende Glashüttenweg bildet einen landschaftlich hervorragenden Zustieg zum höchsten Berg des Harzes.

Kloster Michaelstein – Regenstein

Kloster Michaelstein, die Regensteinsmühle und die Felsenburg Regenstein – drei herausragende Kulturdenkmäler bei Blankenburg.

Die Blankenburger Teufelsmauer

Diese aussichtsreiche Felsenwanderung führt uns zu einem drachenkammartigen Steingebilde.

Bodetal – Treseburg

Die faszinierende Wanderung durch das Bodetal, eine der bedeutendsten deutschen Schluchten außerhalb der Alpen, verbinden wir mit dem Besuch des Rosstrappenfelsens, von dem der Europäische Fernwanderweg 11 zurück ins Bodetal führt. **Seite 188**

28

Thale – Hexentanzplatz

Auf den Spuren uralter Legenden in einen
wilden Felsenwinkel des Harzes.
Seite 194

29

Stecklenberg – Friedrichsbrunn

Aus der Laubwaldumgebung am Austritt
des Wurmbachtals gelangen wir über den
Ramberg zum höchstgelegenen Kur- und
Erholungsort im Ostharz. **Seite 200**

30

Mägdesprung – Ballenstedt – Gernrode

Lang, aber schön und landschaftlich sehr
abwechslungsreich – unser Tourenfinale.
Seite 206

Gebietsübersicht

HARZ

Deine 30 Touren im nördlichsten
Mittelgebirge Deutschlands.

Moderne Seilschaft

Es sind aufstrebende Fotografinnen und Fotografen, die dich gemeinsam mit versierten Wanderern an dein Ziel führen. Erfahrung und Tatendrang treffen sich mit der gemeinsamen Sehnsucht nach den beeindruckendsten Augenblicken im Harz.

Janis Wieczorek

Jessica Cramme

Jessica Cramme lebt in Braunschweig, stammt aber aus Neuenkirchen, dem kleinsten Ort des Nordharzes. Sie studierte Medieninformatik an der Hochschule Harz in Wernigerode. Dort belegte sie gleich im ersten Semester das Fach Fotografie, kam dadurch zum ersten Mal

Erfahrung zählt, Leidenschaft besteht

in Kontakt mit einer DSLR-Spiegelreflexkamera und hatte gleich echt Spaß daran. Bald arbeitete sie nebenbei als Pressefotografin, portraitierte dabei viele Menschen und hielt Events fotografisch fest. Heute ist sie in einer Werbeagentur tätig und produziert dort meist allerlei Bewegtbilder. „Privat fotografiere ich jedoch hauptsäch-

lich Landschaften, besonders gern beim Wandern im Harz (ich bin leidenschaftliche Sammlerin der Stempel der Harzer Wandernadel). Dabei dreh' ich mich immer wieder um und schaue zurück, denn oft ergeben sich coole Motive, wenn man einfach mal unerwartet die Perspektive wechselt."

Janis Wieczorek wurde in Münster geboren und ist im Münsterland aufgewachsen. Beruflich ist er als Grafik- und Webdesigner tätig. Eines Tages legte ihm sein Chef die Bedienungsanleitung einer neu angeschafften Kamera auf den Tisch. So kam er er dazu, Fotos und Videos zu machen – von der Portrait- über die Produkt- bis zur Architekturfotografie war da alles mal dabei. Bald war er mit seiner ersten eigenen Kamera unterwegs, um die neu entdeckte Leidenschaft – vor allem für die Landschafts-

Elke Haan

fotografie – auch in der Freizeit auszuleben. „Social Media, insbesondere Instagram, hat da tatsächlich einen sehr großen Beitrag geleistet und mich immer wieder inspiriert. Meine Lieblingsorte? Norwegen, die Dolomiten, die Nordsee und die USA."

Die Tourenbeschreibungen hat die bekannte Wanderbuch-Autorin und Fotografin **Elke Haan** beigesteuert. Sie studierte Germanistik und Kunstgeschichte, lebt heute an der Nordsee und durchstreift mit Vorliebe die deutschen Mittelgebirge und Norwegen.

Wolfgang Heitzmann, der Textredakteur dieses Buches, kennt viele europäische Wandergebiete von unzähligen Touren. Er lebt in Tirol und ist in der Verlagsbranche tätig. Mit 80 eigenen Wanderführern und Bildbänden über die Alpen, die Toskana und die Mittel-

meerinsel Mallorca zählt er zu den erfolgreichsten Outdoor-Autoren.

Weitere Fotos in diesem Buch stammen von **Jonas Arnold @alexifotografie**, **Anna Brockmöller @annasbucketlist**, **Annemarie Dunkel @lafotografia.harz**, **Jennifer Hartung @travelharz**, **Dennis Krüger @d3nnis.ka**, **Cindy Licht @zuendlicht**, **Felix Rohlfs @wildhercynia**, **Florian Stein @dudefr0mthehills**, **Sebastian Wilczewski @justsebbo** und **Fabian Künzel @fabian_kuenzel**. Ihnen allen vielen Dank!

Jeder Augenblick wird mit dem Highlight der Tour vorgestellt. Bei der Vorstellung steht neben dem Fotografen der jeweiligen Tour auch sein Kürzel unter dem man ihn auf Instagram findet, so zum Beispiel: **@dudefr0mthehills**

Deine Verantwortung

KOMPASS will dir mit diesem Wanderführer die Schönheit und Einzigartigkeit der Natur vor Augen führen. Hierfür wurden ganz besondere Orte ausgewählt. Sie gewähren dir einen atemberaubenden Blick auf die einzigartige Komposition aus natürlichen Strukturen und Elementen der jeweiligen Landschaft. Manchmal ist für das Auffinden der perfekten Perspektive ein Extraschritt auf schmalem Steig oder in weglosem Gelände erforderlich. Gerade hier gilt es sich eigenverantwortlich und respektvoll gegenüber der Natur und den Mitmenschen zu verhalten. Die Umwelt zu schützen und den eigenen Fußabdruck minimal zu halten ist Ehrensache.

Einen Moment für die Ewigkeit festzuhalten ist nichts wert, wenn wir die Natur für die Ewigkeit zerstören.

Ehrensache

Respektiere die Landschaft, die Natur mit ihrer Schönheit und die Gefahren.

Unterwegs zählt das Miteinander. Gegenseitige Hilfe und Gemeinschaft wiegen mehr als das perfekte Foto.

Versuche mit öffentlichen Verkehrsmitteln oder mit dem Fahrrad anzureisen.

Gehe kein Risiko ein. Du willst deine Geschichten schließlich noch erzählen können.

Nimm mehr Müll mit, als du mitbringst. Beteilige dich am Schutz unserer Umwelt.

Hinterlasse keine Spuren. Sensible Landschaften sind fragil und erholen sich nur langsam.

„Plastik, Dosen und Papier,
sind den Bergen keine Zier.
Trägst du sie voller bis hierher,
trägst du sie heimwärts auch nicht schwer."

Deinen Augenblick festhalten

Fotografieren im Freien

Intention

Was will ich mit einem Bild ausdrücken oder festhalten? Zuerst sollte man sich überlegen, was man eigentlich als Ergebnis haben möchte. Danach sollte sich die Ausrüstung und der Bildaufbau richten. Es muss nicht gleich die komplette Profiausrüstung sein, um den Moment für die Ewigkeit einzufangen. Schon aus Gründen der Sicherheit sollte ein Handy mit am Berg sein. Die meisten Handykameras reichen für erste Fotoversuche vollkommen aus. Seit Bilder nicht erst aufwendig entwickelt werden müssen, kann man einfach drauflosschießen. Vor jedem Versuch sollte eine Überlegung und ein Bildkonzept stehen. Kennt man erst die Möglichkeiten und Grenzen seiner Kamera, sollte man an eine umfangreichere Ausrüstung denken. Denn jedes Objektiv, Stativ und jeder Filter hat auch sein Gewicht. Passend dazu gibt es auch einen Spruch, den man sich zu Herzen nehmen kann: „The best camera is the one that's with you" – „Die beste Kamera ist die, die man dabei hat."

Ausrüstung

Bei der Wahl der Ausrüstung muss sich jeder fragen, was er für ein Ergebnis erzielen will. Hier ein paar grundlegende Informationen: Ein Weitwinkel-Objektiv eignet sich gut für Panorama- und Landschaftsaufnahmen. Ein Objektiv mit einer klassischen Brennweite von 35 – 70 mm eignet sich, um Personen oder Ausschnitte einer Bergszene in den Vordergrund zu stellen. Die Grundregel für die Belichtungszeit ist mindestens die doppelte Brennweite. Wird der Wert unterschritten, kann ein Stativ hilfreich sein. Wenn man es etwas professioneller

angehen möchte, sollte man sich auch Gedanken über die Bildbearbeitung machen. Eine Kamera, die im RAW-Format fotografieren kann, ist dann durchaus sinnvoll. In diesem Format werden nämlich deutlich mehr Bildinformationen gespeichert und dies ermöglicht eine feinere Bildbearbeitung mit der entsprechenden Software. Wichtig ist, dass du deine Ausrüstung kennst und beherrschst. Spiele mit den Einstellungen und Möglichkeiten deiner Kamera. Bevor du deine Ausrüstung für eine Tour packst, mach dir eine kleine Checkliste: Genügend Akku (Ersatzakku, Powerbank), genügend Speicherplatz (Ersatzkarten) und versichere dich, dass Akku und Speicherkarte auch wirklich in der Kamera sind.

Komposition und Bildaufbau

Neben dem gewählten Bildausschnitt und dem Motiv ist das Licht die alles entscheidende Komponente. Für ein gutes Foto heißt es zur richtigen Zeit am richtigen Ort zu sein. Bei vollem Sonnenschein ist mit Gegenlicht und harten Schatten zu rechnen. Wolken, Morgen- und Abendstimmungen eignen sich grundsätzlich besser. Plane deine Tour so, dass du trotzdem sicher zurückkommst und eventuell eine Stirnlampe dabei hast. Im Infokasten „Dein Moment für die Ewigkeit" verraten wir Tipps und Tricks wie man Spannung in Bilder bekommt und der Moment perfekt festgehalten wird. Die Kamera zeigt dir den Aufnahmestandort und die Blickrichtung.

Dein Harz

Landschaft, Geschichte, Infos

Das Höchste im Norden Deutschlands – das ist der Harz, das 110 Kilometer lange, 40 Kilometer breite, bis zu 1141 Meter hohe und dicht bewaldete Mittelgebirge zwischen Goslar und der Lutherstadt Eisleben, Wernigerode und Nordhausen. Man findet dort eine unglaubliche naturräumliche Vielfalt auf engstem Raum: tief eingeschnittene Täler, wilde Flussläufe, blumenreiche Bergwiesen, weite Laub-, Misch- und Nadelwälder. Neben diesen nahezu unberührten Naturlandschaften findet man zahlreiche große und kleine Zeugnisse einer langen Geschichte.

Seinen höchsten Punkt erreicht der Harz auf dem oft sturmumtosten Gipfel des Brocken, der bis heute – trotz seiner technischen und touristischen Erschließung – eine geradezu mystische Aura umgibt. Optische Phänomene wie das schon von Goethe beschriebene „Brockengespenst" (wenn die Sonne den eigenen Schatten auf eine Wolkenfläche wirft und – dank der Lichtbrechung – rundum einen farbigen „Glorienschein" zaubert) haben mitunter schon für Angst und Schrecken gesorgt.

Kein Wunder also, dass Sagen vom Teufel erzählen, der die bizarren Felsgestalten des Harzes geschaffen haben soll, oder von Hexen, denen man wüste Feste oder Wettermacherei auf ihren Spitzen nachsagte. Auf jeden Fall galt der Harz, der bis ins Mittelalter „Hart" (= Bergwald) genannt wurde, immer schon als eine ganz besondere Landschaft. Das ist immer noch so und daher stehen weite Bereiche im Hochharz, im Ober- und im Unterharz seit vielen Jahren unter Naturschutz. Die strengsten Kriterien legt man dabei auf einer Fläche von etwa 25.000 Hektar im Herzen des Berglands an. Dort erstreckt sich der erste länderübergreifende Nationalpark Deutschlands, in dem mehr als 7200 Tier- und Pflanzenarten eine Zuflucht finden. Daneben bestehen vier Naturparke,

> Lebet wohl, ihr glatten Säle!
> Glatte Herren, glatte Frauen!
> Auf die Berge will ich steigen,
> Lachend auf euch
> niederschauen.
>
> Heinrich Heine (1797–1856), Aus Der Harzreise

in denen ein möglichst harmonischer Ausgleich zwischen Naturbewahrung, der Pflege der Kulturlandschaft und sanfter touristischer Nutzung gesucht wird.

Einen ganz wichtigen Baustein dafür bildet das rund 80.000 Kilometer umfassende, sehr gut von den vielen ehrenamtlichen Mitarbeitern des Harzklubs betreute und beschilderte Wanderwegenetz im Harz. Dazu sind in den letzten 200 Jahren zahlreiche Schutzhütten und Rastplätze entstanden. Und wer den Harz auf ganz besondere Weise erleben möchte, kann sich einem der Wanderführer oder einer Wanderführerin anschließen.

Dein Augenblick

Tourenbeschreibungen

1 Wasser aus der Tiefe

Die Rhumequelle am Rotenberg könnte alle Bundesbürgerinnen und -bürger mit zwei Liter Trinkwasser pro Tag versorgen. Das allermeiste davon stammt aus dem Karstgebiet, in das auch die erste Tour dieses Buches führt.

Bilder von: **Florian Stein**
@dudefr0mthehills

Rhumequelle – Rotenberg

Tourencharakter
Wald- und Panoramawanderung auf bequemen Wegen.

Start und Ziel
Parkplatz An der Rhumequelle (160m) in Rhumspringe. Anfahrt auf der Landstraße Herzberg – Duderstadt. Bushaltestelle der Linie Herzberg – Rhumspringe.

Schwierigkeit: **leicht** - mittel - schwer
Dauer: **3:00 h**
Länge: **9,7 km**
Aufstieg **130 hm**
Abstieg **130 hm**

Höhenlinienmodell mit Streckenverlauf

Höhenprofil

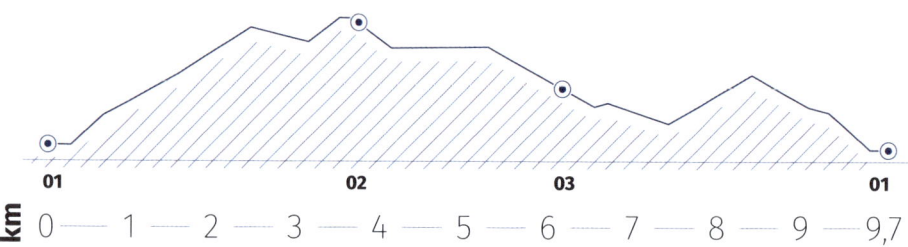

Sanfte Landschaft am Rand des Harzes.

Abenteuer beginnen, wo Pläne enden.

Verfasser unbekannt

Von der Rhumequelle, einer der größten und am stärksten schüttenden Quellen Europas, führt diese Wald- und Panoramatour über den aussichtsreichen Rotenberg, der wundervolle Ausblicke auf die Süd- und Westharzberge sowie bis hin zum Brocken gewährt.

▶ Vom Ausgangspunkt beim „Quellen-Restaurant" führt ein Asphaltweg waldeinwärts zur Rhumequelle **01** 🔴. Das grünblau schimmernde Wasser der Karstquelle sammelt sich im Südhang des Rotenbergs in einem 30 m langen und bis zu 20 m breiten Quelltopf in einem Auenwaldgebiet von außergewöhnlicher Schönheit. In den artenreichen Quellwäldern haben seltene Vogel- und Tierarten wie Pirol, Wasseramsel,

Eisvogel, Quellschnecke und Höhlenkrebs ein Rückzugsgebiet gefunden.

Über Jahrtausende hinweg war die Rhumequelle ein als sakral gedachter Ort, die ältesten Opferfunde stammen von jungsteinzeitlichen Bandkeramikern aus der Zeit um 2000 v. Chr. Wir umrunden das Quellgelände rechts herum und entdecken nach Überqueren des Ausflusses die Markierung „x" des Europäischen Fernwanderwegs 6.

Am Ende des Quell-Naturschutzgebiets folgen wir dem Fernwanderweg und dem Karstwanderweg auf der Bornbergstraße, einem Forstweg, in sachtem Anstieg rechts durch die Laubwälder. Während der Karstwanderweg schon bald links hinauf ab-

Auch einzelne Bäume setzen interessante Akzente.

zweigt (unser Rückweg), wandern wir geradeaus weiter bis zu einer Schutzhütte am Waldrand und biegen hier links hinauf auf den fahrradfähigen Bohlweg ab, weiterhin geleitet von der Markierung „x" des Europäischen Fernwanderwegs.

Oben auf der Höhe des Rotenbergs mündet der Bohlweg auf die für den öffentlichen Verkehr gesperrte Zufahrt des Jugendwaldlagers, und ihr folgen wir mit wei-

ter Aussicht **02** links hinab (markiert mit dem „Speichenrad"-Zeichen des Eichsfeld-Rundwanderwegs und ausgeschildert als Radroute). Unten an der Straße **03** zweigen wir scharf links auf den mit dem Zeichen Rotstrich markierten Schotterweg ab und folgen dem Karstwanderweg am Naturschutzgebiet Butterloch (in einem Erdfallsee entstandenes Übergangsmoor) vorbei zurück zum E6 und dort links zur Rhumequelle **01**.

Dein Moment für die Ewigkeit

Dampfendes Wasser

Um aufsteigenden Nebel auf Wasserflächen zu fotografieren, sollte man früh dran sein. Man kann zwar abends eine zweite Chance erhalten, jedoch sind die Lichtverhältnisse in der Früh günstiger. Nutze das einfallende Gegenlicht von aufgehender oder untergehender Sonne und verlängere deine Belichtungszeit.

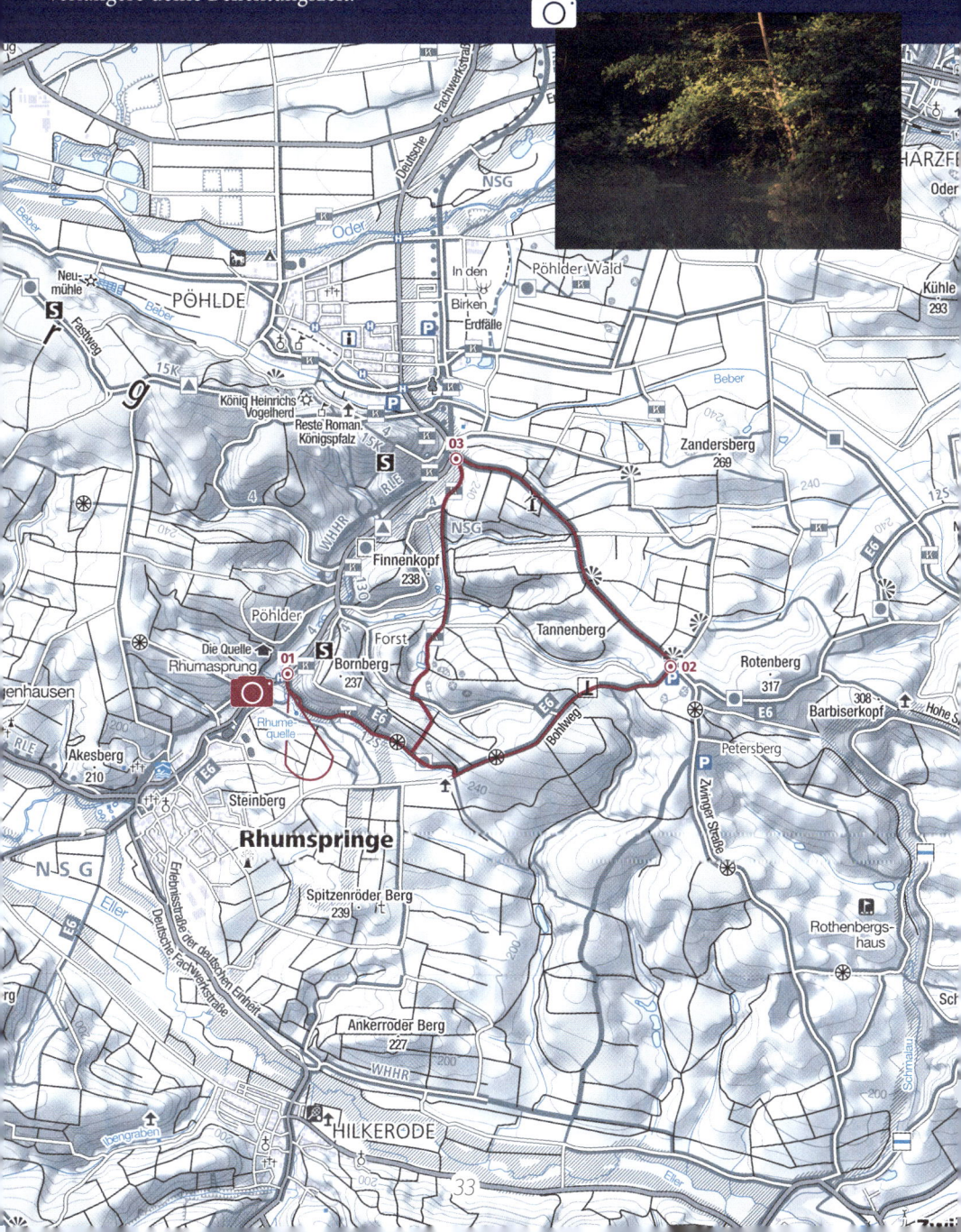

2 Auf einen Sprung!

Hüpfen muss zwischen den Buntenbocker Teichen und dem Innerstesprung niemand: Im Harz bezeichnet man viele Quellen als „Sprung".

Bilder von: **Felix Rohlfs @wildhercynia**

Buntenbocker Teiche – Innerstesprung

Tourencharakter
Leichte, ruhig-idyllische Teiche- und Waldwanderung.

Start und Ziel
Parkplatz vor dem Kurpark Buntenbock (544 m), Alte Fuhrherrenstraße. Anfahrt B 241 Goslar – Osterode, südlich von Clausthal-Zellerfeld abzweigen. Bus: Haltestelle Im Oberfeld (vor dem Kurpark Buntenbock) der Linie Clausthal-Zellerfeld – Osterode – Northeim.

Schwierigkeit: **leicht** - mittel - schwer
Dauer: **3:00 h**
Länge: **10,5 km**
Aufstieg **250 hm**
Abstieg **250 hm**

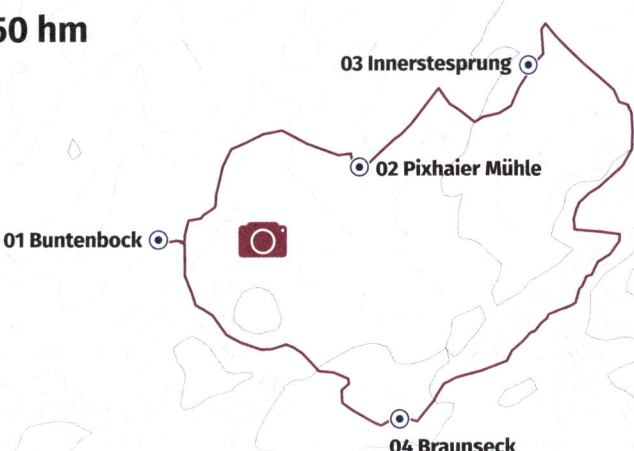

Höhenlinienmodell mit Streckenverlauf

Höhenprofil

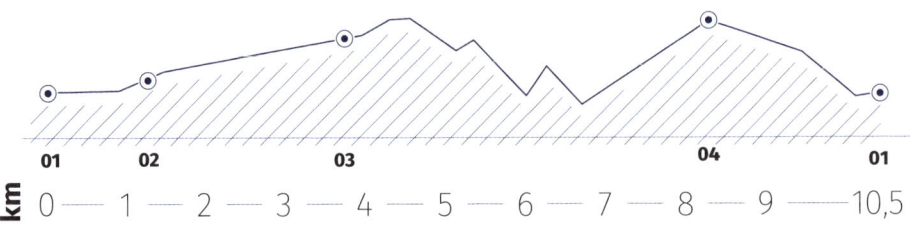

Magische Lichtstimmung an den Buntenbocker Teichen.

Die schönen Dinge siehtst du nur, wenn du langsam gehst.

Haemin Sunim, südkoreanischer Mönch

Vom ruhigen Luftkurort Buntenbock führt diese Teiche- und Waldwanderung zur Quelle der Innerste.

⬚ Vom Parkplatz vor dem Kurpark in Buntenbock **01** folgen wir der Alten Fuhrherrenstraße – der Name erinnert daran, dass der Ort früher ein Fuhrherrendorf war – abwärts und biegen links in den Kurpark ab. Am Ende gehen wir auf der Straße kurz aufwärts und zweigen rechts in den Pixhaier Weg ab, wobei nun die Markierung „Grünpunkt" die Route weist. Am Sumpfteich am Ortsrand beginnt eine aussichtsreiche Uferpromenade, über Anlage und Zweck der Teiche informieren Lehrtafeln des Wasser-WanderWegs.

Vom Teich, in dem auch geangelt wird, führt der idyllische Wanderweg, an dem mehrere Bänke zur Rast laden, weiter durch Wiesen, links begleitet vom Flambacher Mühlengraben, zur Pixhaier Mühle **02**. Oberhalb dieses Ausflugsrestaurants geht es weiter im Wald, wobei wir links unten die Wasserfläche des 1674 als Mühlenteich angelegten Pixhaier Teichs zwischen den Bäumen schimmern sehen.

Da lohnt sich auch ein Blick zu den kleinen Wundern am Weg.

Vor einem Campinggelände wendet sich der Weg rechts und führt an der Forststraße durch das urtümliche Feuchtwaldgebiet Lange Brüche.

Schließlich mündet der Weg auf den Harzer Hexenstieg und folgt diesem, bis er zum Oberen Nassewieser Teich abzweigt. Eine Sitzbank lädt an diesem waldumrahmten Teich zur Rast.

Wir überqueren den Damm und erreichen dahinter im Wald eine Verzweigung, an der wir links auf den Pfad, später Weg, Richtung Innerstesprung wechseln. Vom Weg zweigt bald ein Pfad rechts hinauf ab zum Entensumpf und wendet sich rechts zum Innerstesprung **03**. Wir folgen dem Pfad zurück zum Nordende des Teichs und wechseln hier an der Infotafel rechts auf die aufwärtsführende Forststraße.

Nach Überschreiten eines Rückens wendet der Weg sich rechts und führt hoch über dem Huttal teils aussichtsreich durch die lichten Hangwälder des Kehrzugs. An einem aufgelassenen Steinbruch wandern wir in sachtem Abstieg durch die Wälder. Nach Überqueren des Bachs am Ende gehen wir rechts hinauf auf einem Forstweg durch das Hangetal, passieren oben den Brautbrunnen (Sitzbank) und erreichen die Wegspinne Braunseck **04** mit Schutzhütte.

Neben ihr führt ein Forstweg Richtung Buntenbock weiter, zunächst in sachtem Anstieg, ehe das Gelände einflacht. Dann senkt sich der breite Weg hinab nach Buntenbock **01**, zuletzt schön in den Wiesen am Ziegenberg. Wer will, kann hier noch einen kleinen aber lohnenswerten Schlenker anhängen zum Ziegenberger Teich **O** sowie den Bärenbrucher Teich.

Dein Moment für die Ewigkeit

Den Vordergrund nutzen

Mit farbigen Pflanzen rahmt Felix hier sein eigentliches Motiv, die norwegisch anmutende Hütte am See inklusive Spieglung, ein. Die Pflanzen, die am nächsten an der Linse platziert sind, haben eine gewollte Unschärfe und liefern einen wichtigen Farbimpuls. Der Fokus und damit der scharfe Teil des Bildes ist auf die Hütte am anderen Seeufer gelegt.

3 Wege im Westen

Munteres Plätschern begleitet Wandernde auf dem Weg durchs Bärenhöhlental nach Wildemann im Westen des Naturparks Harz. Auf der Rundtour zum Iberger Albertturm verlockt auch eine Tropfsteinhöhle samt Museum und Gaststätte zum Verweilen.

Bilder von: **Felix Rohlfs @wildhercynia**

Wildemann – Iberg

Tourencharakter
Leicht, aber mit verhältnismäßig steilem Aufstieg.

Start und Ziel
Parkplatz in Wildemann (379 m) unterhalb der Ortsmitte an der Durchgangsstraße (Hindenburgstraße) Richtung Lautenthal. Anfahrt B 242 Seesen – Clausthal-Zellerfeld. Regionaler Busverkehr.

Schwierigkeit: **leicht** - mittel - schwer
Dauer: **3:00 h**
Länge: **8,6 km**
Aufstieg **179 hm**
Abstieg **179 hm**

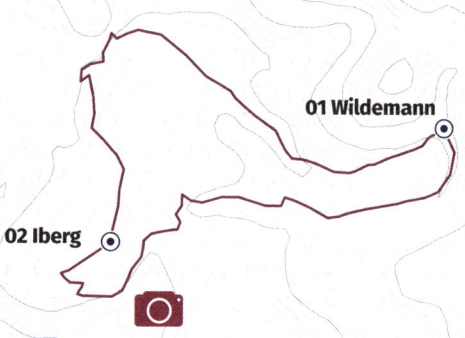

Höhenlinienmodell mit Streckenverlauf

Höhenprofil

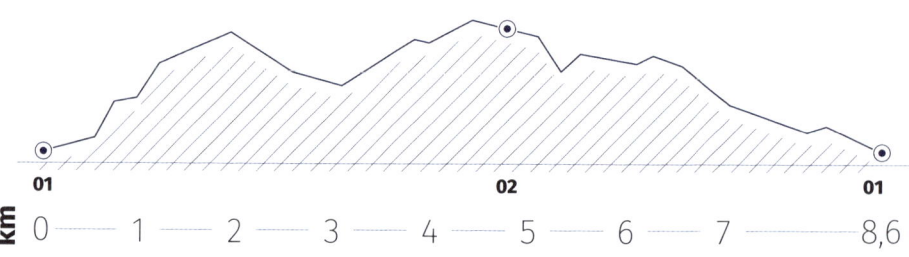

Blütenpracht en miniature.

Nur wer seinen eigenen
Weg geht, kann von
niemandem überholt
werden.

Marlon Brando,
US-amerikanischer Schauspieler (1924–2004)

Vom Kneippkurort Wildemann im Innerstetal leitet diese Waldwanderung zum Aussichtsturm auf dem Iberg und zur Iberger Tropfsteinhöhle, eine der großen Schauhöhlen des Harzes.

▶ Vom Parkplatz an der Hindenburgstraße unterhalb der Ortsmitte von Wildemann **01** geht es längs der Durchgangsstraße aufwärts, bis kurz vor der Bushaltestelle an der Kurverwaltung die Seesener Straße rechts Richtung Kirche abzweigt. Sie ist markiert mit „blau-x" und führt zwischen Harzer Holzhäusern rasch aufwärts. Die Kirche bleibt links liegen, aussichtsreich leitet der Weg geradeaus dem Wald zu, rechts fällt der Blick in das windungsreiche Innerstetal. Am letzten Haus tritt der Seesener Weg

in den Wald ein, weiterhin rasch an Höhe gewinnend, an der Verzweigung geradeaus, und verwandelt sich in einen pfadartigen Wiesenweg, an dem die Markierung „blau-x" im nächsten Waldstück signalisiert, dass der Weg der richtige ist.

Der Blick ins Tal unterstreicht, dass wir schon gut an Höhe gewonnen haben, doch der Pfad strebt weiter aufwärts und erreicht eine Verzweigung, an der Sitzbänke und ein Tisch zum Verschnaufen einladen mit Blick hinab auf das Innerstetal und die Häuser von Wildemann.

Der Pfad führt weiter aufwärts, quert am Köppelplatz einen Weg (Sitzbank) und erreicht die Tillyschanze. Sie wurde 1626 von

Unterwegs mit dem „grünen Dreieck".

den Kaiserlichen am damaligen Hauptweg nach Wildemann als Flankenschutz gegen Westen angelegt und im Siebenjährigen Krieg zur Verteidigung gegen die Franzosen wieder instand gesetzt. Wenig später treffen wir auf der nächsten Kuppe, dem Decherberg (Moltkewarte), auf einen Forstweg, der geradeaus abwärts zum Keller führt, einer Wegspinne mit Schutzhütte. Von hier leitet ein mit „Gelbstrich" markierter Forstweg in sachtem Anstieg – zwischendurch lädt eine Bank zu recht aussichtsreicher Rast – zur Wegspinne Spinne (Sitzbank). Hier geht es rechts hinauf zur Waldgaststätte Iberger Albertturm.

Auf einem steilen Weg geht es nun durch den Südhang des Ibergs **02** zur Iberger Tropfsteinhöhle. Wer den Bachlauf des Tourfotos sehen will, überquert hier kurz den Parkplatz **◉**. Weiter geht es von dort auf einem Waldweg zum Schweinebraten, einer Wegspinne mit einer Grillhütte im Stil einer Köhlerhütte. Von der Wegspinne

führt ein breiter Holzabfuhrweg (Markierung „grünes Dreieck") abwärts. Wir verlassen ihn gleich darauf in der Linkskurve und folgen nun dem „grünen Dreieck" geradeaus auf einem Waldweg, der steil in das Bärenhöhlental hinabführt und sich dort verzweigt: Ein Strang leitet als Pfad im diesseitigen Hang durch die Wälder, der andere mündet auf die geschotterte Forststraße. Ruhig leitet dieser Bärenthaler Weg durch die Wälder, begleitet vom Rauschen eines Bachs, und trifft bei einer Sitzbank auf eine Verzweigung.

Wer hier halb links hinauf über den aussichtsreichen Gallenberg geht, hat noch einen kurzen Anstieg vor sich, spart sich jedoch die Straßenpassage in Wildemann **01**. Wer der Forststraße abwärts folgt, trifft unterhalb eines Wassertretbeckens auf die Bushaltestelle „Brunnen" und folgt der Straße längs der Innerste zum Besucherbergwerk 19-Lachter-Stollen und weiter ins Zentrum der ehemaligenBergstadt Wildemann.

Dein Moment für die Ewigkeit

Im Fluss

Das dunkle Bachbett verstärkt die kraftvolle Anmutung des Wassers. Durch die geschlossene Blende (f /22) ist das Bild gestochen scharf und die Belichtungszeit kann in Verbindung mit einer eher niedrigen ISO von 100 höher angesetzt werden. Mit der Langzeitbelichtung von 30 Sekunden bildet sich ein durchgehender Wasserschleier.

4 Bock auf den Bocksberg?

An schönen Sommertagen laden die Teiche bei Clausthal-Zellerfeld zum Baden ein – was für ein erfrischendes Finale für die Wanderung über den Bocksberg und zum Aussichtsturm Schalke!

Bilder von: **Sebastian Wilczewski**
@justsebbo

Bocksberg und Schalke

Tourencharakter
Mäßig steile, aussichtsreiche Wanderung auf meist bequemen Wegen.

Start und Ziel
Parkplatz am oberen Ortsrand von Hahnenklee (560 m) in der Nähe der Stabkirche. Anfahrt B 241 Goslar – Clausthal-Zellerfeld. Bus: Stadtbuslinie Goslar – Hahnenklee/Clausthal-Zellerfeld.

Schwierigkeit: **leicht** - mittel - schwer
Dauer: **4:30 h**
Länge: **15,0 km**
Aufstieg **349 hm**
Abstieg **349 hm**

Höhenlinienmodell mit Streckenverlauf

Höhenprofil

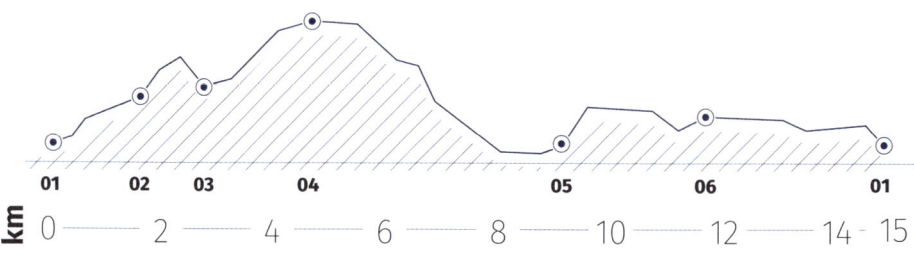

Waldesruh im Herzen des Harz.

Jeder, der sich die Fähigkeit erhält, Schönes zu erkennen, wird nie alt werden.

Franz Kafka (1883–1924)

Mit exzellenten Ausblicken führt diese Wald-, Panorama- und Teichewanderung vom heilklimatischen Kurort und Wintersportplatz Hahnenklee über den Bocksberg und über die Schalke und an den teilweise zum Baden genutzten Teichen bei Clausthal-Zellerfeld zurück nachHahnenklee.

Vom Großparkplatz in Hahnenklee **01** leitet die Grünpunkt-Markierung auf dem Liebesbankweg, der stellenweise hervorragende Ausblicke zum Rammelsberg und auf das nördliche Harzvorland gewährt, in spürbarem Anstieg im Hang des Bocksbergs aufwärts. Wenn der Weg kurz nach Passieren einer aussichtsreichen Schutzhütte die für den öffentlichen Verkehr gesperrte Gipfelzufahrt kreuzt, folgen wir letzterer hinauf auf den Bocksberg **02**, auf dem sich ein umfassendes Harzpanorama bietet.

Nach diesem Abstecher kehren wir zurück zur Wegkreuzung und wandern rechts hinab zum ebenfalls recht aussichtsreich gelegenen Gasthof Auerhahn **03** an der Bundesstraße; die Gaststätte befindet sich in einem 1675 errichteten ehemaligen Jagdhaus der Braunschweiger Herzöge. Dort zweigt der Forstweg („grünes Dreieck" und „rotes Dreieck") zum Aussichtsturm Schalke **04** ab, der ebenfalls einen herausragenden Blick auf den Oberharz und bis zum Brocken gewährt.

Von hier leitet die Markierung „grünes Dreieck" auf dem Grenzweg weiter über den Kamm, und sobald rechts der Goslarer Stadtweg abzweigt (Rotpunkt), folgen wir dieser Forststraße hinab und oberhalb des idyllischen Schalker Teichs rechts nach Festenburg **05**, wo die Waldgaststätte Grüne Tanne Wildspezialitäten serviert.

Ab hier gibt die Markierung „blau-x" die Route zurück bis zum Ausgangspunkt vor, wobei an der ersten Forstwegkreuzung ein Abstecher zum Zankwieser Teich 📷 möglich ist, in dem viele baden. Kurz nach Passieren des Großen Kellerhalsteichs **06** quert der Weg die B 241 und führt hinab zu den Grumbacher Teichen, wo Infotafeln eines Wasserwanderwegs die Anlage der Bockswieser Teichekaskade erläutern. Kurz darauf ist der Ausgangspunkt an der Stabkirche in Hahnenklee **01** wieder erreicht.

Sanft schlängelt sich die Straße durch den Tann.

Dein Moment für die Ewigkeit

Farbtupfer und Bildaufbau

Das Wetter und das Licht ist gar nicht wie du es dir für dein Foto erhofft hast? Deine ersten Bildversuche wirken kontrastlos und langweilig? Gut, dass du es erkannt hast, jetzt kannst du dem bewusst entgegenwirken. Suche dir Farbe, zum Beispiel durch einen Farbtupfer im Vordergrund, suche dir Kontraste und konzentriere dich ganz auf den Bildaufbau.

5 Die Höhen um Hahnenklee

Er wurde zwar künstlich geschaffen, der Grane stausee, doch sein Wasser fügt sich höchst harmonisch in die stille Waldlandschaft im Norden des Bocksbergs ein.

Bilder von: **Sebastian Wilczewski**
@justsebbo

Granestausee – Hahnenklee

01 Granestausee

Tourencharakter
Mäßig steile, aussichtsreiche Wanderung auf bequemen Wegen.

Start und Ziel
Parkplatz am Granestausee (290 m) im Langelsheimer Ortsteil
Herzog-Julius-Hütte. Anfahrt B 82 Langelsheim – Goslar Aus-
fahrt Granestausee. Buslinie Goslar – Langelsheim.

Schwierigkeit: leicht - **mittel** - schwer
Dauer: **5:45 h**
Länge: **22,7 km**
Aufstieg **437 hm**
Abstieg **437 hm**

04 Hohekehl

02 Hahnenklee

03 Bocksberg

Höhenlinienmodell mit Streckenverlauf

Höhenprofil

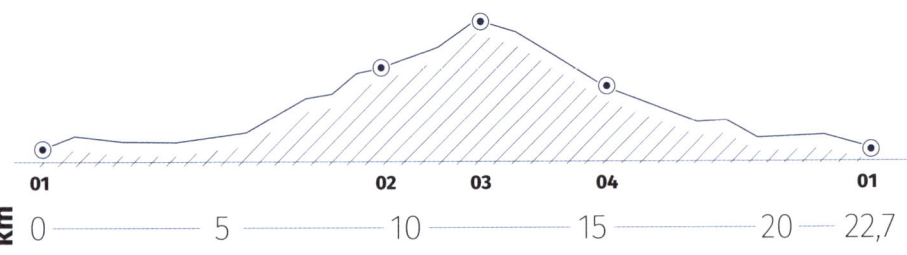

Romantik aus Menschenhand.

Der Stausee dient der Trinkwasserversorgung,
dem Hochwasserschutz, der Wasserregulierung
und der Stromerzeugung.

www.seen.de

Vom Granestausee leitet diese stille Wald- und Aussichtswanderung nach Hahnenklee, wo sich auf dem Bocksberg ein hervorragendes Panorama bietet.

▶ Vom Großparkplatz unterhalb des Staudamms am oberen Ortsrand von Herzog-Julius-Hütte geht es zur aussichtsreichen Staumauer des Granestausees **01** 📷, der zweitgrößten Talsperre im Oberharz. Vom Staudamm schweift der Blick durch das Granetal zum Ziel, dem Bocksberg oberhalb von Hahnenklee. Am südöstlichen Ende der Staumauer zweigt rechts der Forstweg Richtung „Hahnenklee" ab (zugleich Ausschilderung „Uferrundweg Granetalsperre"), er ist anfangs Teil des von Spaziergängern, Rollerbladern und Radlern gleichermaßen genutzten Seerundwegs, zweimal laden Schutzhütten zu beschaulicher Rast ein, ehe der Weg im Granetal das südöstliche Ende des Stausees erreicht. Nun gibt der Granebach die weitere Route vor, zwischen bewaldeten Berghängen führt der Forstweg stetig aufwärts, am Graneblockhaus laden Schutzhütte, Banke und Tisch zur Rast ein, schließlich verlässt der Radweg im Quellgebiet der Grane das Tal und schraubt sich in Serpentinen in den Luftkurort Hahnenklee **02**. Bei klarer Sicht lohnt der Abstecher auf den mit der Seilbahn erreichbaren Bocksberg **03**. Die Gustav-Adolf-Stabkirche ist das Wahrzeichen von Hahnenklee.

Nach dem Abstecher zum Bocksberg-Gipfel kehren wir zurück zur Verzweigung und folgen der Gipfelzufahrt geradeaus abwärts, wobei wir uns gleich auf der Alten Harzstraße befinden, einem Forstweg (blau-x), der Richtung Goslar hinabführt. Wenn die Markierung „blau-x" kurz nach Passieren des Parkplatzes Hohekehl **04** halb rechts abzweigt, bleiben wir auf der nun asphaltierten Alten Harzstraße (Blaupunkt), passieren die ehemalige Schiefergrube Glockenberg und folgen der Blaupunkt-Markierung an den Margaretenklippen vorbei auf dem bequemen Oberen Klippenweg zum Parkplatz am Königsberg. Dort folgen wir der Ausschilderung links hinab zum Ufer des Granestausees **01** und kehren zurück zum Ausgangspunkt.

Eigenwillige Bauweise – die Gustav-Adolf-Stabkirche.

Dein Moment für die Ewigkeit

Teil es dir ein

Das Bild hat eine klare Aufteilung in waagrechte Ebenen: Im Vordergrund der durchgängig dunkelste Part des Fotos mit Bank und Wiese, die einheitliche Stauseefläche und schließlich bewaldete Seeuferhügel mit einem schönen Layering-Effekt und angeschlossenem Himmel.

6 Wald & Welterbe

Am Ufer des Okerstausees befindet sich der Wendepunkt einer wunderschönen Rundtour, die in der Weltkulturerbestadt Goslar ihren Anfang nimmt.

Bilder von: **Annemarie Dunkel**
@lafotografia.harz

Goslar – Okertal – Rammelsberg

Tourencharakter
Im Okertal teilweise gesicherte Felssteige bzw. Wald- und Wurzelwege, ansonsten fahrradfähige Forstwege.

Start und Ziel
Parkplatz am oberen Ende der Schützen-straße am Rand von Goslar . In Goslar von der B 241 am Schützenplatz auf die Schüt-zenstraße abzweigen. Bahn/Bus: Keine Bushaltestelle. Von der Altstadt (Bahnhof) führt die Markierung „Blaupunkt" über Nebenstraßen zum Ausgangspunkt.

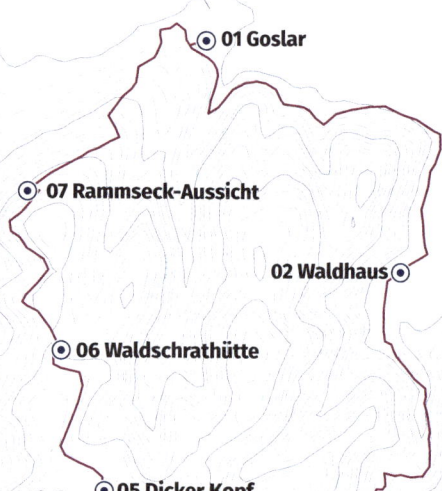

Schwierigkeit: leicht - **mittel** - schwer
Dauer: **6:30 h**
Länge: **20,5 km**
Aufstieg **498 hm**
Abstieg **498 hm**

Höhenlinienmodell mit Streckenverlauf

Höhenprofil

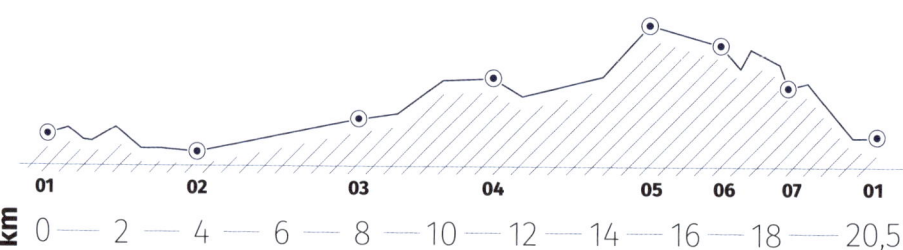

Nicht überall ist das Okertal so gut gangbar wie hier.

Träume sind Brücken zwischen Himmel und Erde.

Andreas Tenzer, deutscher Philosoph und Pädagoge

Von der Weltkulturerbestadt Goslar am Harznordrand folgt diese Wanderung dem Europäischen Weitwanderweg E6 durch das imposante Okertal, das berühmteste Tal des Westharzes, zum Okerstausee, dem „Vierwaldstätter See" des Harzes. Der Rückweg führt über den aussichtsreichen Rammelsberg, dessen historische Bergwerksanlagen ebenfalls als Weltkulturerbe unter Schutz stehen.

▶ Vom Ausgangspunkt in Goslar **01** folgen wir der schmalen Straße geradeaus in sachtem Abstieg. Nach wenigen Metern endet der für den öffentlichen Verkehr zugelassene Bereich an einem Werkstor, wir treten in einen aussichtsreichen Hang und erreichen eine Verzweigung.

Während der E11 links abzweigt, folgen wir dem E6 (Markierung „x") auf dem fahrradfähigen Weg geradeaus mit schönem Blick über das Gelmketal, das der Weg durchschreitet, um dann in bewaldeten Hängen in das Okertal einzuschwingen, wo die Ausflugsgaststätte Waldhaus **02** zur Einkehr lädt.

Am hinteren Ende des Parkplatzes führt der E6 weiter talaufwärts, leitet auf einem geländergesicherten Steig durch das auch zum Klettern aufgesuchte Massiv der Adlerklippen, dann zwingen ihn die Kraftwerksanlagen zu einer Passage direkt neben der Bundesstraße 🅾. Aber ab der Verlobungsinsel (schöner Rastplatz mitten im Fluss, erreichbar über eine Brücke) erwartet uns wieder ein naturnaher, teilweise idyllischer Weg, der passagenweise geländergesichert im Steilhang verläuft und einige faszinierende Aufblicke zur Feigenbaums- und zu anderen Klippen gewährt, ehe am Romkerhaller Wasserfall **03** wieder Einkehrmöglichkeit besteht.

Hier befindet sich auch eine Bushaltestelle, und wenn der Bus nicht lange auf sich warten lässt, sollte man nicht zögern und sich bis zum Okerstausee fahren lassen, denn ab der Romkerhalle folgt der E 6 der Bundesstraße auf der gefährlichen Haltespur, ehe er wieder rechts in den Wald hinaufführt und an der Rabenklippe vorbei zum Okerstausee leitet. An der Brückenschänke **04** befindet sich die nächste Einkehrmöglichkeit. Während der E 6 die Brücke über den See in Richtung Altenau überquert, folgen wir kurz der Landstraße (Fußweg) Richtung Schulenberg und biegen am Parkplatz hinter der Brücke rechts auf den Wanderweg in das Bramketal Richtung „Goslar" ein. Der fahrradfähige Forstweg (gelbes Dreieck) führt steil hinauf zum Dicken Kopf **05** und weiter (Grünpunkt) im Waldhang des Sidecum zur Waldschrathütte **06**, einem schönen Rastplatz. Von hier führt die Grünpunkt-Markierung auf einem aussichtsreichen Hangweg (Blick zum Herzberger Teich) zur Rammseck-Aussichtskanzel **07** und senkt sich dann weiter hinab.

An der Weggabelung vor den Gebäuden des Ausbildungszentrums gehen wir rechts zum Ausgangspunkt zurück.

Eine „Goldene Stunde" über Goslar

Dein Moment für die Ewigkeit

Nutze die Gegebenheiten deiner Umgebung

Den Harz durchfließen zahlreiche Bäche und Flüsse. So findet sich auch eine Vielzahl an Stauseen, aufgestauten Flusspassagen und Staumauern. Damit steht dir die Bandbreite von Wasserfällen, Bächen, Mooren, Seen und Quellen als Fotomotive auf kleinem Raum zur Verfügung. Im Bild die Oker an einer breiten Stelle, kurz bevor sie an der Verlobungsinsel vorbeiführt.

7 Kaskaden und Klippen

In den Seitengräben des Okertals regiert noch die Natur. Oberhalb davon gibt's bizarr geformte Granitklippen zu entdecken. Geologen sprechen dabei von „Wollsackverwitterung", Romantiker von einer Märchenlandschaft.

Bilder von: **Sebastian Wilczewski**
@justsebbo

Romkerhalle – Ahrendsberg – Kästehaus

Tourencharakter
Anfangs und zuletzt steile, teils aussichtsreiche Klippenwege, ansonsten bequeme Forstwege.

Start und Ziel
Parkplatz Romkerhalle (340 m) kurz vor dem Wasserfall. Anfahrt auf der B 498 Oker – Altenau. Bushaltestelle der Linie Goslar – Altenau/Clausthal-Zellerfeld.

Schwierigkeit: **leicht** - mittel - schwer
Dauer: **3:30 h**
Länge: **13,0 km**
Aufstieg **440 hm**
Abstieg **440 hm**

06 Käste
05 Kötenweg
01 Romkerhalle
02 Ahrendsberger Klippen
04 Ringweg
03 Waldpädagogikzentrum

Höhenlinienmodell mit Streckenverlauf

Höhenprofil

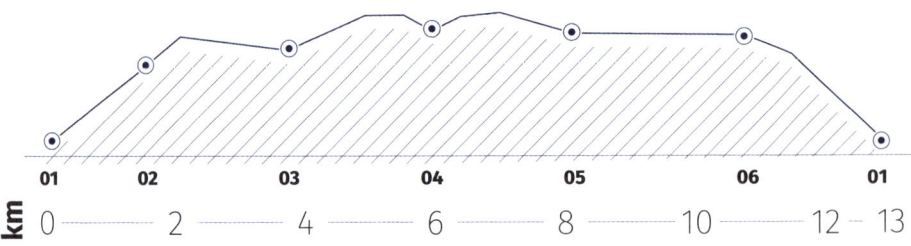

km 0 —— 2 —— 4 —— 6 —— 8 —— 10 —— 12 – 13

Architektur aus der Zeit der Romantik.

Nicht da ist man daheim, wo man seinen Wohnsitz hat, sondern wo man verstanden wird.

Christian Morgenstern (1871–1914)

Mit dem Ahrensberg und den Kästeklippen berührt diese Wanderung Aussichtsstellen über dem Okertal.Einige wenige Wegpassagen erfordern Trittsicherheit.

▶ Vom Parkplatz Romkerhalle **01** folgt der Rotpunkt-Wanderweg der Oker am Ostufer aufwärts zum Wasserkraftwerk und zweigt dort links ins Tal der Großen Romke ab. Gleich darauf überquert er den Bach auf einer Stegbrücke und wechselt auf den Jägerstieg, einen Pfad im bewaldeten Steilhang. An der ersten Kreuzung verlässt er den Jägerstieg rechts und schlängelt sich hinauf zur aussichtsreichen Halleschen Hütte an den Ahrendsberger Klippen **02**; hier bietet sich ein exzellenter Blick auf das Okertal. Bequem leitet die Rotpunkt-Mar-

kierung weiter zum Waldpädagogikzentrum Harz **03**, im Haus Ahrendsberg, das auch von Selbstversorgergruppen gemietet werden kann (Anfahrt durch das für den öffentlichen Verkehr gesperrte Kalbetal).

Am Haus Ahrendsberg zweigt die Markierung „rotes Dreieck" nordostwärts Richtung Breitenberg auf den Salzstieg genannten Forstweg ab, umgeht den Diabassteinbruch links auf dem Ringweg **04**, gewinnt nördlich des Steinbruchs wieder die Nordostrichtung Richtung Breitenberg und erreicht eine Gabelung: Hier wechselt die Markierung „gelbes Dreieck" schräg links auf den Kötenweg **05**, der am Steigerbleek die Abzweigung ins Bleichetal passiert und wenig später links zum autofreien Gasthaus Kästehaus 06 abzweigt. Die aussichtsreichen Kästeklippen sind ein spannender Rastplatz über dem Okertal.

Vom Kästehaus folgt die Gelbpunkt-Markierung einem steinigen Weg südwärts zu den wollsackverwitterten Granitfelsen Hexenküche und Mausefalle, wenig später öffnet sich auf der Feigenbaumsklippe wieder ein hervorragender Ausblick.

Steil senkt sich der Gelbpunkt-Steig ins Tal der Kleinen Romke, überquert den Bergbach und führt zurück zum Parkplatz Romkerhalle 01 am Fuß des 1863 künstlich angelegten Romkerhaller Wasserfalls 🄾.

Wasser bringt Leben in die Landschaft.

Dein Moment für die Ewigkeit

Scharfe Kanten und weicher Vordergrund

„Vordergrund macht Bild gesund". Ein kurzer Spruch, den man sich merken sollte. Die Blätter im Vordergrund sind nahe am Objektiv und werden durch eine Blende von f/1,6 und den Fokus auf den Wasserfall unscharf. Dieses Spiel mit dem Fokus verleiht dem Bild das besondere Extra.

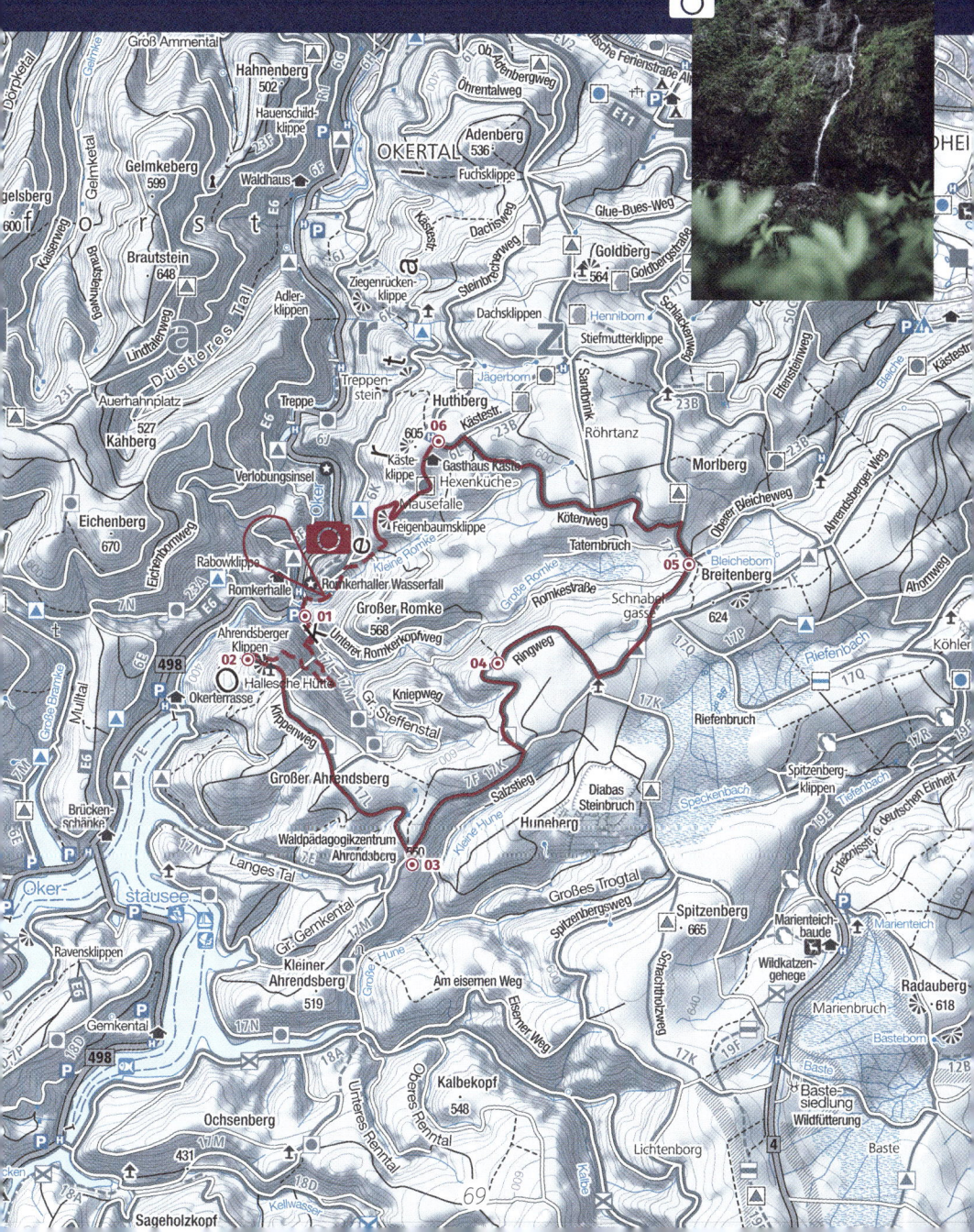

8 Ein Dorf zieht um

Was eine Talsperre alles bewirken kann: Wegen seiner
vielen überschwemmten Seitengräben gilt der Oker
stausee als der „Vierwaldstättersee des Harzes". Allerdings: Die alte Ortschaft Schulenberg musste dafür
1956 aufgegeben und oberhalb des Wasserspiegels neu
gebaut werden.

Bilder von: **Jonas Arnold**
@alexifotografie

Den Okerstausee entlang

Tourencharakter
Leichter Asphaltweg, autofrei.

Start und Ziel
Vorstaumauer des Okerstausees (440 m), Parkplatz an der Bundesstraße B 498
Goslar – Altenau.

Schwierigkeit: **leicht** - mittel - schwer
Dauer: **4:30 h**
Länge: **16,5 km**
Aufstieg **20 hm**
Abstieg **20 hm**

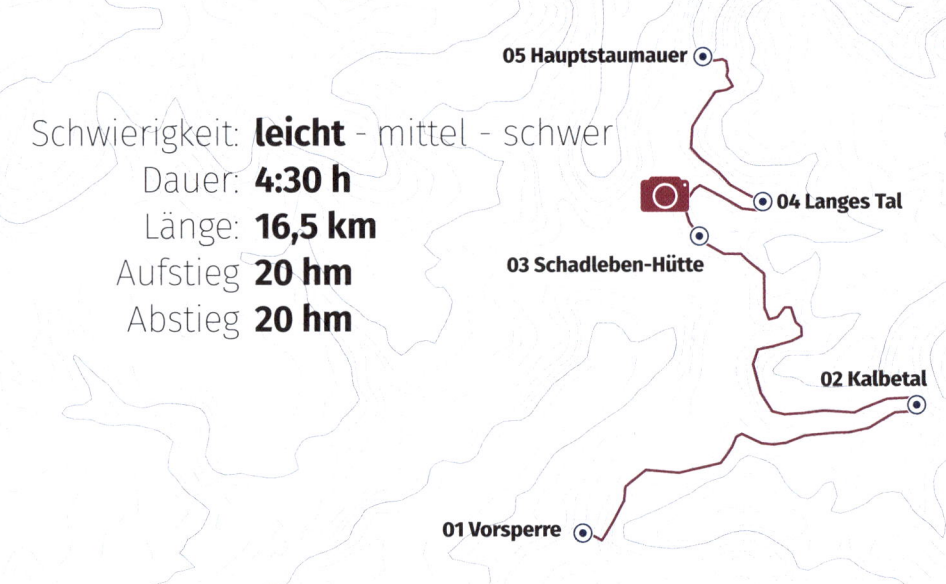

Höhenlinienmodell mit Streckenverlauf

Höhenprofil

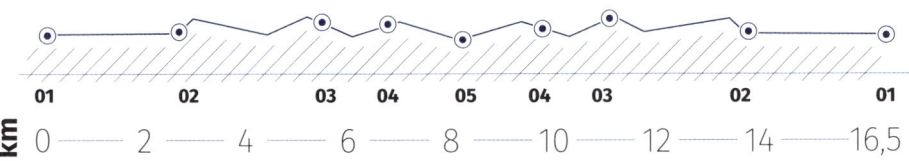

Der Werksweg auf der Waldseite des Oker stausees bietet weite Ausblicke auf den größten See im Westharz und ist bei Schneelage ein beliebter Winterwanderweg. Er ist Teil des 18 km langen Rundwanderwegs um die Okertalsperre; dieser Rundweg folgt allerdings auf der Westseite des Sees mehrere Kilometer der Bundesstraße, während der Werksweg auf der Ostseite durchgehend autofrei ist.

▶ Vom Parkplatz **01** an der Bundesstraße geht es aussichtsreich über die 20 m hohe Vorstaumauer, die die Bäche Kellwasser und Schwarzes Wasser staut. Dann gibt der Asphaltweg die Route am Ostufer des Okerstausees vor, auch Skiroller und In-lineskater sind hier unterwegs, der Stausee selbst darf nur von nicht motorisierten Booten befahren werden, einzige Ausnahme ist das fahrplanmäßig verkehrende Rundfahrtschiff MS AquaMarin. Der erste große Seitenarm des Okerstausees ist das von Torfhaus herabführende Kalbetal **02**, durch das eine beliebte Radroute führt, während der Okerseerundweg dem aus-

Eine der schönsten Talsperren, die Sie im Harz besichtigen können, ist die Okertalsperre, die mit knapp 2 Quadratkilometern Wasseroberfläche und einem Stauinhalt von 46,85 Millionen Kubikmetern die größte Talsperre in Niedersachsen ist.
www.oberharz.de

Seen-Sucht im Harz.

Alternative zum Wandern am Okerstausee.

sichtsreichen Ufer zu Füßen der Wälder treu bleibt und an der Ausmündung des Kalbetals wieder den Blick freigibt auf die Gaststätte „Windbeutel-König" in Gemkenthal am gegenüberliegenden Ufer. An der Schadleben-Hütte **03** fällt der Blick auf die Weißwasserbrücke mit dem Pavillon am

Anleger der Okersee-Schifffahrt ⬤. Das Lange Tal **04** ist das letzte größere Seitental, dann erreicht der Seerundweg die Hauptstaumauer **05** mit der Ausflugs-Gaststätte Okerterrasse. Auf demselben Ostuferweg geht es zurück zum Ausgangspunkt **01** an der Vorstaumauer.

Dein Moment für die Ewigkeit

Weniger wirkt

Welche Bilder sprechen dich an? Als Fotograf muss man seinen Blick schärfen. Schau dir Bilder, die dich fesseln genau an und versuche zu verstehen, was das Bild besonders macht. Ein Tipp ist Reduktion. Auch ein simples Motiv kann begeistern

9 Feudaler Fußmarsch

Die erste Etappe des insgesamt 110 Kilometer langen Kaiserweges führt von der Ruine Kaiserburg bei Bad Harzburg zum Gasthof Königskrug. Entsprechend royal gibt sich auch die Landschaft, die man dabei majestätischen Schrittes durchschreitet.

Bilder von: Cindy Licht @zuendlicht

Bad Harzburg – Königskrug

Tourencharakter
Längere Waldwanderung (abkürzbar) mit gelegentlich steilen Anstiegen.

Start und Ziel
Bushaltestelle und Parkplatz an der Talstation der Burgberg-Seilbahn (310 m) am Kurpark in Bad Harzburg. Anfahrt B4. Bahn/Bus: Regionaler Busverkehr sowie Bahnverkehr ab Goslar, Braunschweig usw. Der Bahnhof liegt 2 km vom Ausgangspunkt entfernt (die Busse halten vor dem Bahnhof).

Schwierigkeit: leicht - **mittel** - schwer
Dauer: **6:00 h**
Länge: **19,7 km**
Aufstieg **635 hm**
Abstieg **195 hm**

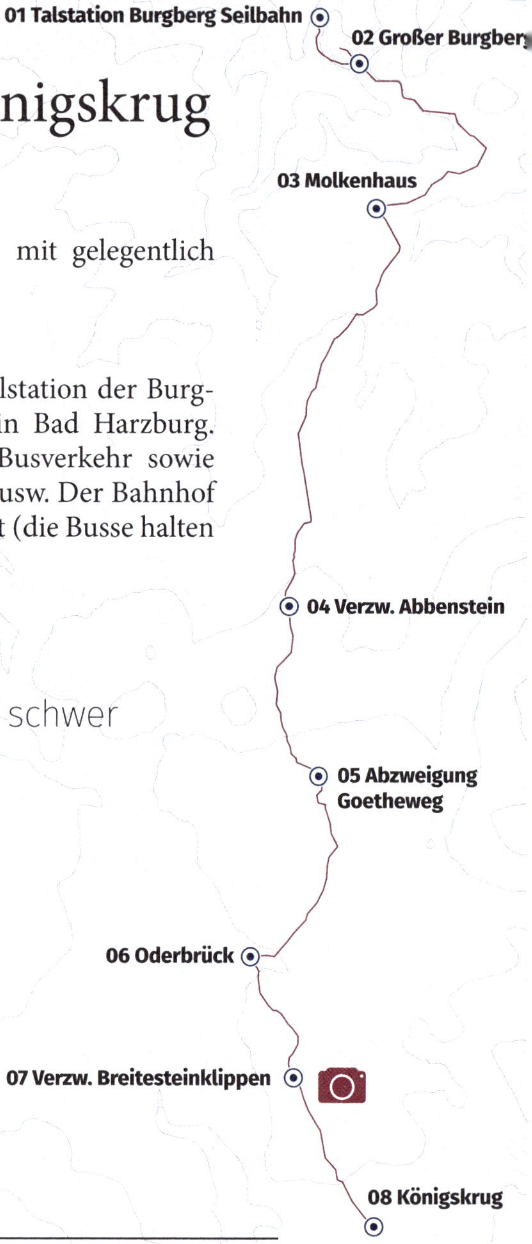

01 Talstation Burgberg Seilbahn
02 Großer Burgberg
03 Molkenhaus
04 Verzw. Abbenstein
05 Abzweigung Goetheweg
06 Oderbrück
07 Verzw. Breitesteinklippen
08 Königskrug

Höhenlinienmodell mit Streckenverlauf

Höhenprofil

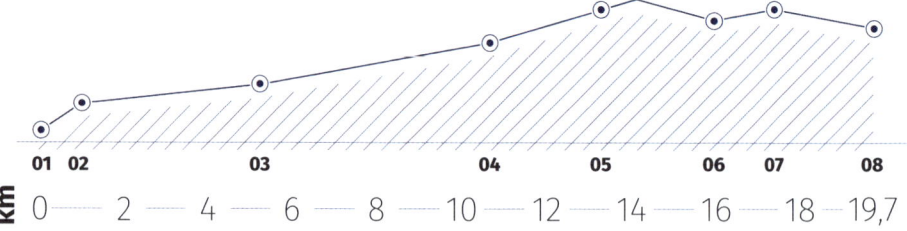

| 01 02 | 03 | 04 | 05 | 06 | 07 | 08 |

km
0 — 2 — 4 — 6 — 8 — 10 — 12 — 14 — 16 — 18 — 19,7

Morgenstimmung am Kaiserweg.

Nur die Tiefe nebelt, nicht der Berg.

Jean Paul (1763–1825)

Der Kaiserweg präsentiert sich auf dieser Etappe teils als bequemer Forstweg, teils als Fels- und Wurzelweg. Im Gasthof Königskrug kann man übernachten, man kann vom Königskrug jedoch auch mit dem Bus zurück nach Bad Harzburg (bzw. weiter nach Braunlage) fahren.

▶ Von Bad Harzburg **01** erfolgt der Aufstieg auf dem mit „Blaupunkt im Dreieck" markierten Kaiserweg zu den aussichtsreichen Ruinen der Harzburg **02**, aus der Heinrich IV. im Jahr 1073 vor den aufständischen Sachsen nach Nordhausen floh, und weiter

zur Wegverzweigung Säperstelle. Dort führt der Kaiserweg halb rechts weiter durch die Wälder zum Reuscheteich und folgt dann der für den öffentlichen Verkehr gesperrten Zufahrt zur Waldgaststätte Molkenhaus **03**. An der Nationalpark-Gaststätte leitet der Kaiserweg über die Spielplatzwiese hinauf zur aussichtsreichen Muxklippe über dem tief eingeschnittenen Eckertal. Weiter geht es bequem im Wald. An der Wegverzweigung am Hasselkopf lädt eine Schutzhütte zum Verschnaufen ein, dann gibt der Kamm zwischen dem Radautal und einem Seitental der Ecker in sachtem Auf und Ab

Farbenprächtige Glocken: Roter Fingerhut am Wegesrand.

die Route über den Sellenberg vor, ehe am Abbenstein **04** ein stärkerer Anstieg wartet.

Der nächste Rastplatz befindet sich an der Wegkreuzung am Schubenstein. Bald darauf überquert der Kaiserweg die Abbe (Blick zwischen den Bäumen auf das Große Torfhausmoor), dann vereinigt er sich vorübergehend mit dem vom Nationalpark-Informationszentrum Torfhaus heraufführenden Goetheweg **05**.

An der nächsten Verzweigung führt der Kaiserweg geradeaus über die aus dem Brockenfeld herausplätschernde Abbe und bei einer verschlossenen Hütte geradeaus auf einen steinigen Weg wechselt, der an den Felsklippen der Hopfensäcke vorbeiführt. An der nächsten Verzweigung geht es rechts ab auf einen schönen Wurzelweg, dann erreicht der Kaiserweg eine Schutzhütte an den stark frequentierten Brockenaufstiegsrouten ab Ehrenfriedhof und Oderbrück. Unser Weg führt geradeaus, an der Bundesstraße geht es kurz links, bei der Bushaltestelle Oderbrück **06** zweigt der Kaiserweg halb links ab und leitet – anfangs durch eine Schneise – hinauf zur Wegverzweigung bei den Breitesteinklippen **07**.

Dort sollte man nicht zögern, bei klarer Sicht den Aufstieg zur aussichtsreichen Achtermannshöhe 📷 zu nehmen (steiler Abstieg zum Königskrug), während der Kaiserweg bequem durch den Westhang der Achtermannshöhe zum Gasthof Königskrug **08** führt. Beim heutigen Gasthof befand sich im 16. Jh. das nicht mehr vorhandene Neue Schloss; es diente mutmaßlich als königliches Jagdschloss und/oder Wachtposten am Heidenstieg, wie der Kaiserweg bis zur Jahrhundertwende hieß.

Dein Moment für die Ewigkeit

Der untergehende Sonnenstern

Der Sonnenstern wird durch eine geschlossene Blende erzeugt, weshalb er auch Blenden-
stern heißt. Auf dem Bild wirkt er stärker über den dunklen Bergen. Such dir solche Kanten,
an denen die Lichtstrahlen wirken können.

10 Sumpf und Stein

Die felsige Achtermannshöhe – im 13. Jahrhundert noch „Uchteneshoge" genannt – verströmt fast Alpenfeeling, während das nördlich davon gelegene Brockenfeld zu den größten Hochmooren im Nationalpark Harz zählt. Viel Naturerlebnis für wenig Wandermühe!

Bilder von**:** Jessica Cramme @butzica

Achtermann ab Oderbrück

Tourencharakter
Bequeme Nationalparkwanderung.

Start und Ziel
Bushaltestelle und Parkplatz „Oderbrück"(800 m) an der Bundesstraße 4 Bad Harzburg – Braunlage. Bahn/Bus: Regionaler Busverkehr (Bad Harzburg bzw. Sankt Andreasberg – Braunlage).

Schwierigkeit: **leicht** - mittel - schwer
Dauer: **4:00 h**
Länge: **12,0 km**
Aufstieg **126 hm**
Abstieg **126 hm**

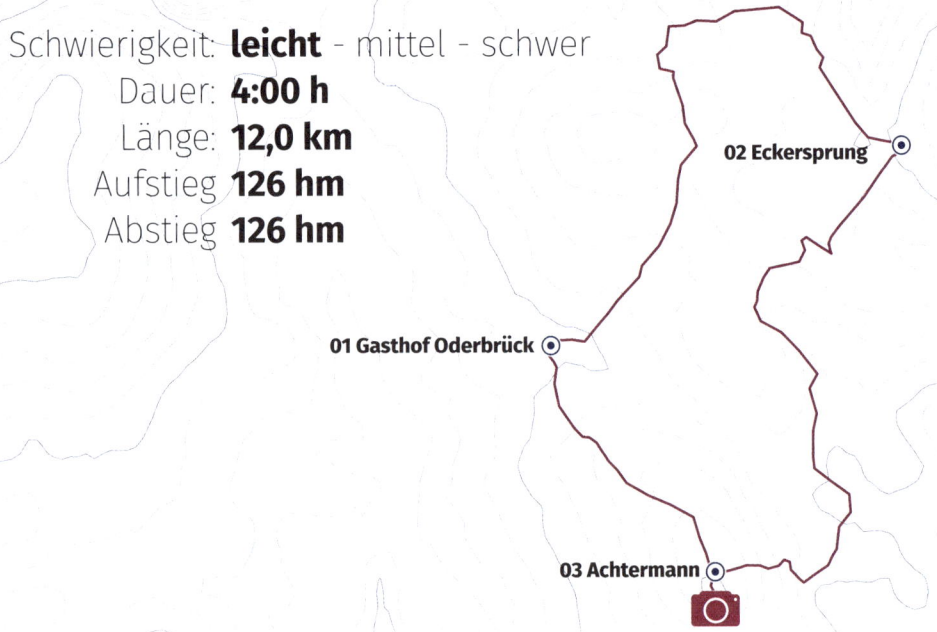

Höhenlinienmodell mit Streckenverlauf

Höhenprofil

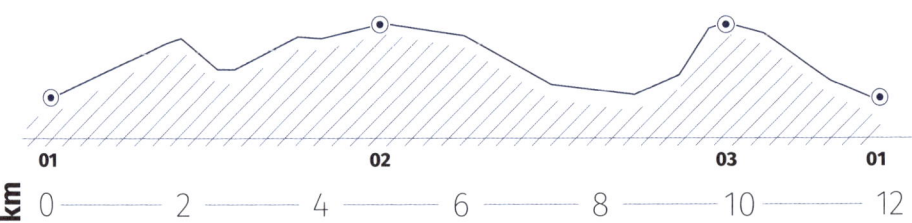

An den Quellgebieten von Oder, Abbe, Ecker und Bode vorbei führt diese Waldwanderung mit nur geringen Anstiegen rund um das Brockenfeld, eines der größten Hochmoore des Harzes, und auf die Hornfelskappe der Achtermannshöhe, die ein einzigartiges Hoch- und Oberharzpanorama gewährt.

▶ Vom Parkplatz in Oderbrück **01** folgen wir der B 4 kurz Richtung Bad Harzburg, überqueren die Oder und wandern neben dem torfbraunen, über Blockwerk spielenden Bach auf dem Kaiserweg aufwärts. An der ersten Biegung des dammartig durch die verwaldete Hochmoorlandschaft geführten

Weges verabschiedet sich der Hauptquellast des Bächleins rechts in das Oderbruch – in diesem Hochmoor wird der Odersprung lokalisiert –, während der Kaiserweg einem weiteren Quellast, der im Brockenfeld entspringt, aufwärts folgt.

An einer Schutzhütte mit rundem Steintisch an einer Wegkreuzung verwandelt sich der Kaiserweg vorübergehend in einen felsig-wurzeligen Waldweg, zweigt an der nächsten Kreuzung links Richtung Torfhaus ab, passiert die Granitklippen der Hopfensäcke, senkt sich steinig zu einem Rastplatz bei einer verschlossenen Hütte hinab und folgt einem Forstweg zum Goetheweg. Kurz

Der Raupe wegen muß man den Baum nicht umlegen.
Sprichwort

Erst kommt der Borkenkäfer – dann sprießt wieder neues Leben.

Auf zum Achtermann!

vor der Mündung auf diesen sehen wir rechts aus dem weitflächig verfichteten Brockenfeld die Abbe herausfließen, den obersten Zufluss des Oberharzer Dammgrabensystems.

Dem Goetheweg folgen wir rechts hinauf am Rand des Brockenfelds entlang zur Schutzhütte am Quitschenberg und zum Rastplatz (WC) am Eckersprung **02**, der Quelle der Ecker. Während sich der Goetheweg gleich darauf links zum Brocken wendet, folgen wir dem Kolonnenweg rechts hinab zum Bodesprung (siehe Tour 8) und zum Dreieckigen Pfahl, einer alten Grenzmarke, an der Bänke, Tische sowie eine Schutzhütte zur Rast laden. Vor der Schutzhütte biegen wir links ab in Richtung Braunlage, wenden uns sofort rechts Richtung Achtermann (Markierung Rotpunkt)

und erreichen an der nächsten Verzweigung einen Aussichtsturm mit Einblick in das Bodebruch.

Wer abkürzen will folgt dem Latten- und Wurzelweg am Rand des Moors Richtung „Oderbrück"; zum Achtermann folgen wir jedoch dem Rotpunkt-Weg weiter durch die verwaldeten Randgebiete von Rotem Bruch und Schwarzem Sumpf. Dann schwingt der Weg rechts hinauf (steil) auf die aussichtsreiche Kappe des Achtermanns **03** ⬡. Am Fuß der Hornfelskappe laden Bänke und Schutzhütte zur Rast, hier entdecken wir auch die Markierung „grünes Dreieck", der wir im Wald hinab Richtung Oderbrück folgen. Bei den Breitesteinklippen stoßen wir auf den Kaiserweg. Er führt zurück zum Ausgangspunkt.

Dein Moment für die Ewigkeit

Die Perspektive wechseln

Immer nur aus Augenhöhe zu fotografieren wirkt schnell langweilig. Fange ein Motiv von unterschiedlichen Standpunkten aus ein und vergleiche das Ergebnis. Der felsige Untergrund der Achtermannshöhe wirkt aus einer verringerten Höhe fotografiert gleich kantiger und schroffer.

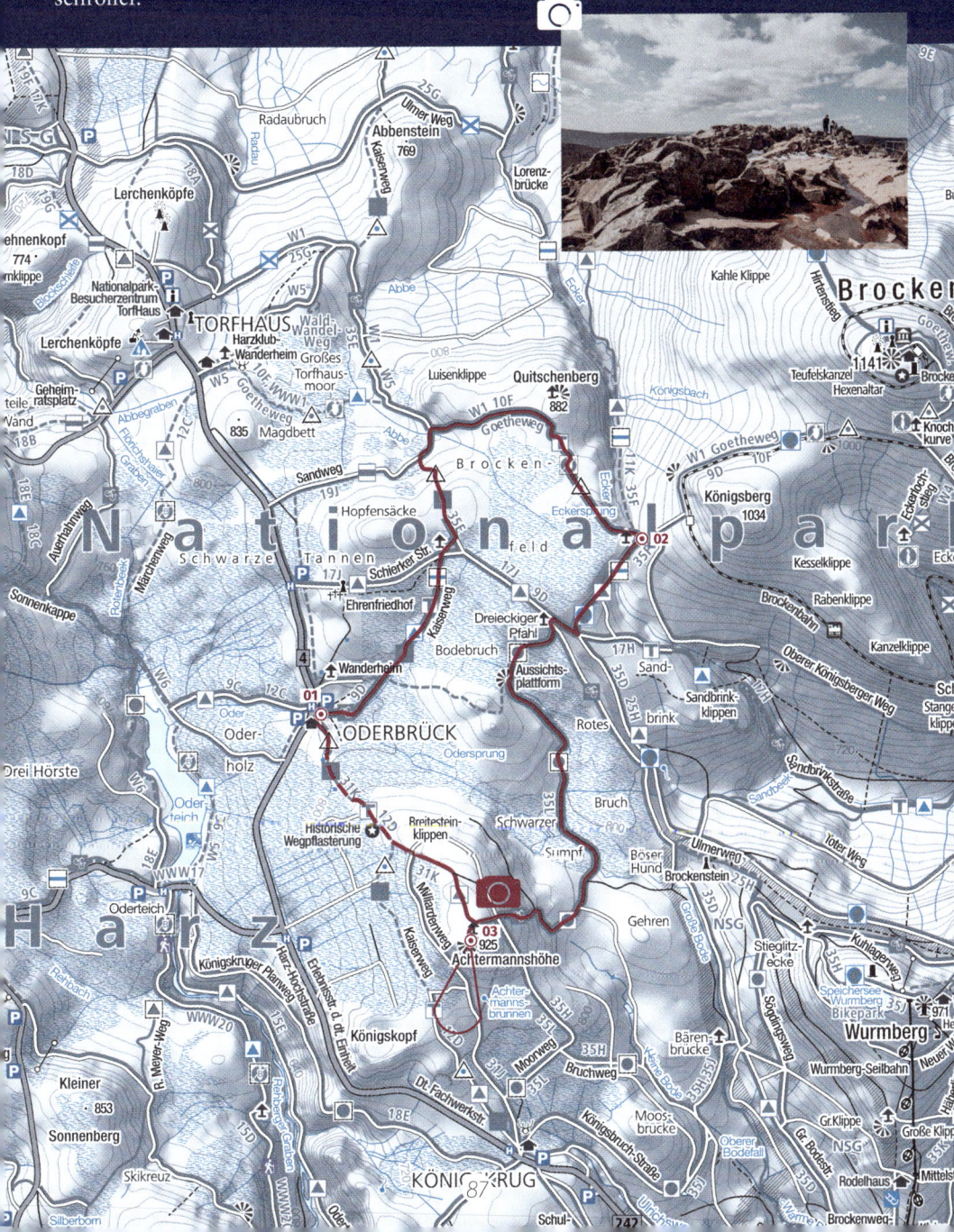

11 Ein Wald-Laufsteg

Sie geht schon in die Beine, die Wanderung vom Bergwerksrevier um den Luftkurort St. Andreasberg bis nach Bad Lauterberg im Harz – aber sie verläuft wunderschön über die weiten Waldhöhen über dem Oderstausee.

Bilder von**: Jessica Cramme @butzica**

St. Andreasberg – Bad Lauterberg

01 St. Andreasberg ⊙

02 Breitenbeektal ⊙

03 Kaisertal abzweigung ⊙

Tourencharakter
Meist bequeme Wege im Wald.

Start und Ziel
Parkplatz an der Tourist-Information Sankt Andreasberg
Am Kurpark 9. Anfahrt B 27 Bad Lauterberg – Braunlage
und abzweigen nach Sankt Andreasberg. Bus: Linie Bad
Lauterberg – Sankt Andreasberg.

04 Stausee-Abzweigung ⊙

Schwierigkeit: leicht - mittel - **schwer**
Dauer: **4:30 h**
Länge: **18,3 km**
Aufstieg **401 hm**
Abstieg **841 hm**

⊙ **05 Waldschneise**

[📷]

⊙ **06 Odertal**

⊙ **07 Kummelberg**

08 Bad Lauterberg ⊙

Höhenlinienmodell mit Streckenverlauf

Höhenprofil

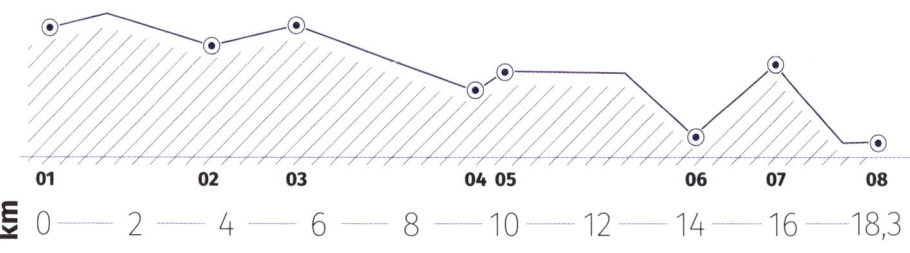

| 01 | 02 | 03 | 04 05 | 06 | 07 | 08 |

km 0 — 2 — 4 — 6 — 8 — 10 — 12 — 14 — 16 —18,3

Seeblick aus weiten Wäldern.

Das Ersteigen der Berge, wie der Weg zur Tugend,
ist besonders wegen der Aussicht, die man eben vor sich
hat, beschwerlich.

Heinrich von Kleist (1777–1811)

Vom Luftkurort Sankt Andreasberg führt diese lange Streckenwanderung durch die Wälder über dem Odertal ins Kneippheilbad Bad Lauterberg im Südharz. Der heilklimatische Kurort und Wintersportplatz Sankt Andreasberg liegt am Westrand des Nationalparks Harz. Wahrzeichen der höchstgelegenen Oberharzer Bergstadt ist der Glockenturm auf dem aussichtsreichen Glockenberg. Seit 2011 ist Sankt Andreasberg Ortsteil der Stadt Braunlage.

▶ Vom Parkplatz am Kurpark und der Tourist Information Sankt Andreasberg **01** führt ein Fußweg zwischen der Straße Am Kurpark und der Rodelwiese nordostwärts

zur Clausthaler Straße: Hier kurz rechts an der Kriegsopfergedenkstätte vorbei und vor der Abzweigung der Braunlager Straße links zum Wanderweg „blaues Dreieck". Er folgt kurz der Braunlager Straße auf separatem Fuß-/Radweg und schwingt dann rechts hinab in den Wäschegrund.

Von hier führt der mit der Markierung „blaues Dreieck" bezeichnete Wanderweg Harz–Eichsfeld–Thüringen (HET) weiter durch die aussichtsreichen Andreasberger Bergwiesen. Die Wiesen und Wälder rund um Sankt Andreasberg sind bei Kräuterkundigen wegen ihrer reichen Bestände an Bärlauch und Heilkräutern bekannt.

Der Wanderweg Harz–Eichsfeld–Thühringen
verspricht ein genussvolles Gehen.

Nach Passieren einer Schwefelquelle erreicht der HET-Wanderweg die Engelsburger Teiche, die früher der Wasserversorgung der Silbererzgrube Engelsburg dienten. Nach Überqueren der Dammkrone des unteren Teichs und Queren der Straße im Breitenbeektal **02** geht es auf einem Pfad hinauf zum Breitenberg und dort an der Wegverzweigung **03** Kaisertal –Schweinetal rechts. Der HET-Weg, nun ein gut ausgebauter Forstweg, führt vorbei an der Stausee-Verzweigung **04** zu einer Waldschneise **05** und wechselt in die bewaldeten Hänge oberhalb des Oderstausees, und leitet schließlich hinab in das Odertal **06**. Nach dem ersten Zwischenabstieg nun wieder aufwärts und dann hinab zur Landstraße an der Mündung des Sperrluttertals (Bushaltestelle).

Hier verlassen wir den im Odertal bleibenden HET-Wanderweg (Abkürzung) und folgen dem Grünpunkt-Weg in einem letzten Anstieg hinauf zum Bismarckturm auf dem Kummelberg **07**. Nun hinab nach Bad Lauterberg **08**. Das Tourfoto hat Jessica vom Gegenhang der Tour aufgenommen **⃝**, einen ähnlichen Ausblick auf den See findest du aber auch an mehreren Stellen des Wanderpfades am Westufer.

Dein Moment für die Ewigkeit

Komplett eingebettet

Genauso wie der See von bewaldeten Ufer gesäumt wird, schließt die Fotografin den vorderen Bildteil mit Bäumen ab. Der sichtbare Ausschnitt des Sees ist so wie von einem sehr breiten Passepartout eingerahmt.

12 Zielpunkt Oderteich

Es ist ein recht langes, aber unbeschwertes Dahinwandern durch das obere Odertal bis zum ältesten der Oberharzer Stauteiche. Zurück geht's über die darüber aufragenden Waldhöhenzüge, die mit einem tollen Aussichtspunkt garniert sind.

Bilder von: Jonas Arnold @alexifotografie

Oderteich – Hahnenkleeklippen

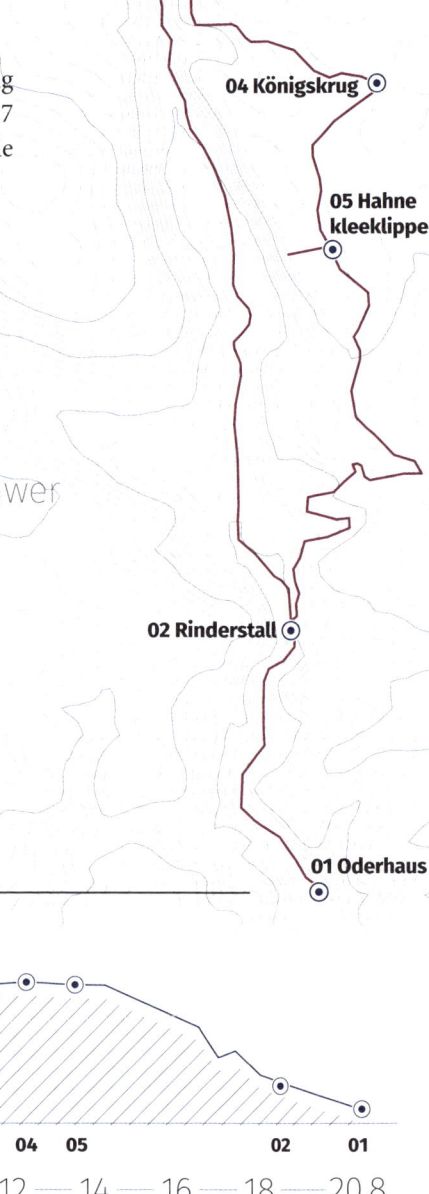

Tourencharakter
Bequeme Wald- und Aussichtswanderung auf fast durchgehend fahrradfähigen Wegen.

Start und Ziel
Parkplatz am Oderhaus (410 m), an der Abzweigung der Straße Richtung Sankt Andreasberg; Anfahrt B27 Bad Lauterberg – Braunlage. Bushaltestelle der Linie Sankt Andreasberg – Bad Lauterberg/Braunlage.

Schwierigkeit: leicht - **mittel** - schwer
Dauer: **5:45 h**
Länge: **20,8 km**
Aufstieg **370 hm**
Abstieg **370 hm**

Höhenlinienmodell mit Streckenverlauf

Höhenprofil

Der Teich als Sonnenspiegel.

Die Weisen erfreuen sich am Wasser.

Konfuzius (551-479)

Vom Oderhaus führt diese Talwanderung durch das tief eingeschnittene obere Odertal zum Oderteich, dem ältesten Oberharzer Stauteich, und über die aussichtsreichen Hahnenkleeklippen zurück.

▶ Vom Oderhaus **01**, Sitz einer Außenstelle der Nationalparkverwaltung, gibt die nächsten zwei Stunden das autofreie, von steilen Berghängen und Felsen flankierte Odertal die Route vor. Der fahrradfähige Weg auf dem Grund des tief eingeschnittenen und dennoch weit und offen wirkenden Tals ist mit der Markierung „grünes Dreieck" bezeichnet. Wo früher bei der Einmündung des Kellwassertals die Andreasberger Kuhhirten Rinder betreuten, lädt die Nationalpark-Gaststätte Rinderstall **02** zur Einkehr ein.

Der Weg führt weiter aufwärts, links überragt der Rehberg das Tal, und wir erreichen den idyllischen Oderteich **03** 📷 – ein schöner Platz für eine Rast. Schon in der Serpentine kurz vor Erreichen des Oderteichs zweigt rechts unser Rückweg ab: Ein mit

„gelbes Dreieck" markierter Forstweg führt hoch über dem Talgrund zur Gaststätte Königskrug **04**. Kurz vor der Bundesstraße zweigt rechts die fahrradfähige Hahnenkleer Waldstraße (blaues Dreieck) zu den Hahnenkleeklippen **05** (kurzer Abstecher vom Hauptweg) ab. Sie bieten einen prachtvollen Blick auf das Odertal sowie zum jenseits auf-ragenden Rehberg mit den Hohen Klippen und dem im Hang verlaufenden Rehberger Graben. Wir folgen weiter der Hahnenkleer Waldstraße, bis an einer Sitzbank rechts der Weg durch das Drecktal abzweigt (rotes Dreieck). Unten erreichen wir wieder die Gaststätte Rinderstall **02** und kehren zurück zum Ausgangspunkt.

Im Dämmerlicht wird Fotografieren zur Kunst.

Dein Moment für die Ewigkeit

Dem Blick eine Richtung geben

Ein Weg der von der Linse in die Ferne führt, lädt den Betrachter ein, ihm zu folgen. Die in das Bildzentrum gehende Figur unterstreicht diesen Effekt noch weiter. Der dunklere Bildrahmen (Vignette) und die im Gegensatz dazu sonnenbeschienene Bildmitte verstärken den Tunneleffekt.

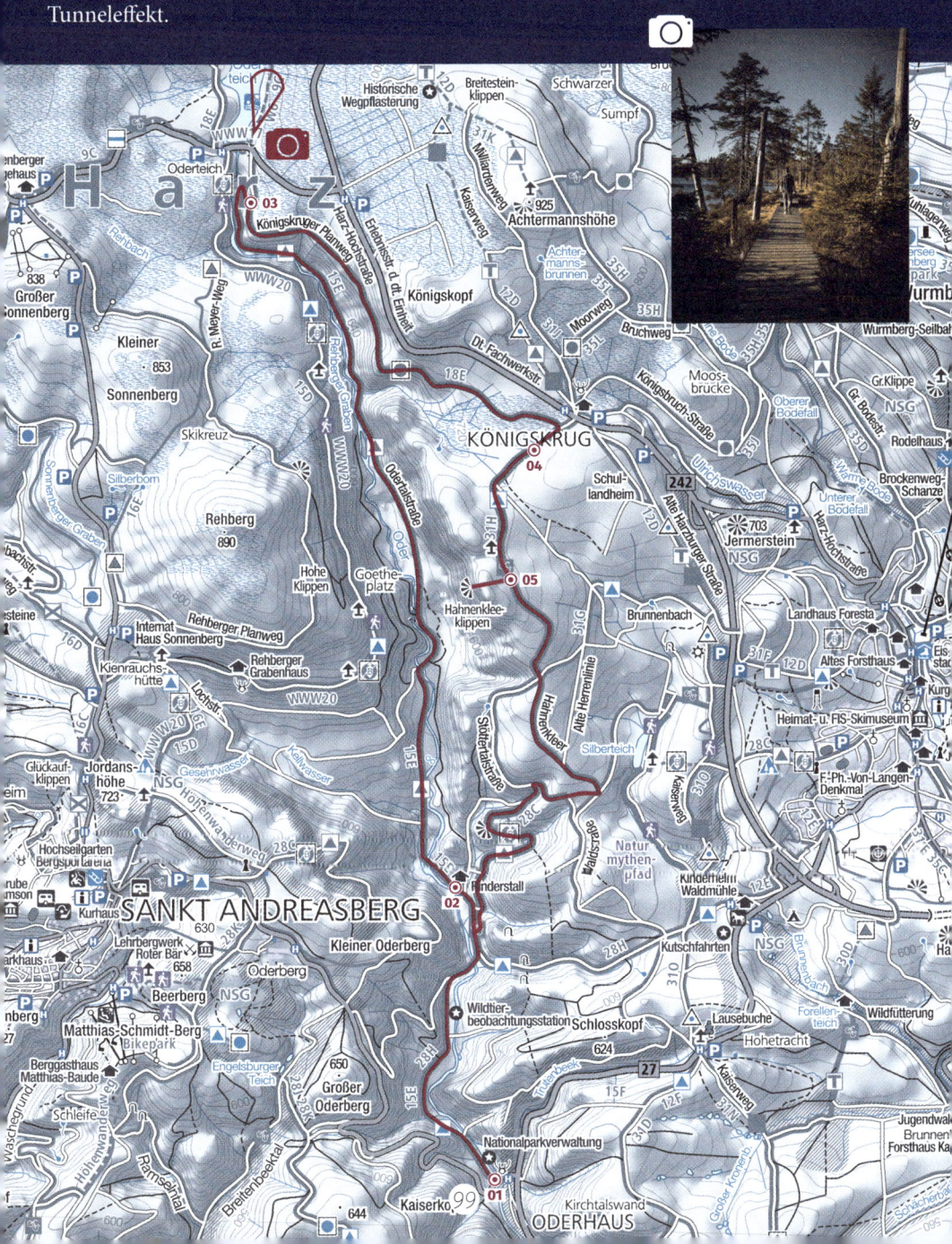

13 Himmelreich der Hexen

„Himmel!", wird man sich angesichts der bizarren Mauerreste des Klosters Walkenried
vielleicht denken. Wer dort nach Osten los-
marschiert, kommt nach 45 Minuten tatsächlich ins Himmelreich – und findet sich auf
einem Hexentanzplatz wieder.

Bilder von: **Florian Stein**
@dudefr0mthehills

Walkenried – Himmelreich

Tourencharakter
Leichte Wald- und Wiesenwanderung.

Start und Ziel
Walkenried Klosterruine (260 m) im Ortszentrum von Walkenried, Parkplatz-
zufahrt über die Wiedighofer Straße. Anfahrt auf der B 243 Seesen – Osterode
– Nordhausen und abzweigen nach Walkenried. Bahn/Bus: Bahnhof Walkenried der Linie Northeim – Nordhausen; regionaler Busverkehr. Der Bahnhof
befindet sich 10 Gehminuten entfernt von der ausgeschilderten Ruine.

Schwierigkeit: **leicht** - mittel - schwer
Dauer: **2:15 h**
Länge: **7,0 km**
Aufstieg **61 hm**
Abstieg **61 hm**

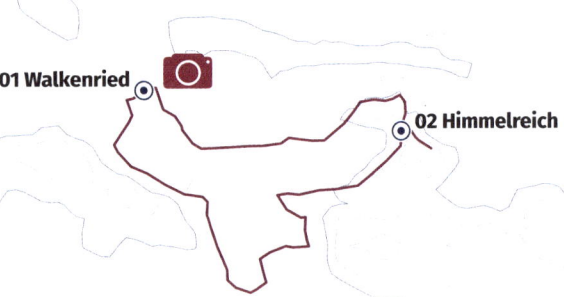

Höhenlinienmodell mit Streckenverlauf

Höhenprofil

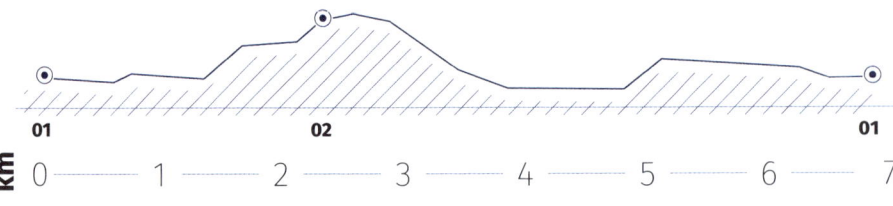

Von den gotischen Ruinen des Klosters Walkenried führt diese idyllische Südharzrundwanderung durch die Laubwälder des Himmelreich-Gipsmassivs. Steilwände, Erdfälle und Felsfluren, Buchen- und Eichenmischwälder, Schatthang- und Schluchtwälder und Erleneschenwälder, Birken- und Erlenbrüche mit nährstoffreichen Stillgewässern sowie Niedermoor- und Sumpfbereiche prägen diesen außergewöhnlich artenreichen und vielfältigen Berg, der einen Teil des Naturschutzgebiets „Itelklippen" bildet.

▶ Von der Ruine des ehemaligen Zisterzienserklosters Sancta Maria in Walkenried **01** ◉ führt der Klosterweg längs der Ruinen-Grünanlage ostwärts zur Wieda und erreicht beim Naturdenkmal Kupferschieferaufschluss eine Brücke. Auf der linken Seite der Wieda führt der Karstwanderweg am Ufer weiter flussabwärts, verlässt bald aussichtsreich den Wald und kurvt vor der Bahnlinie links. Geradeaus erhebt sich das von Laubwäldern bedeckte Himmelreich-Gipsmassiv, der Weiße Weg taucht in das Naturschutzgebiet Itelteich ein. Im Mittelalter führten die Walkenrieder Mönche hier ein Stauprojekt durch, das aus einem Großerdfall (Polje) mit Karstquelle und Bachschwinde ein Fischgewässer entstehen ließ; heute ist dies ein technisches Denkmal und als Teil eines Naturschutzgebiets ein Eldorado für Wasservögel und zahlreiche weitere Tierarten. Mächtige alte Buchen säumen den Weg hinauf auf die Anhöhe über dem Bahngleis, das im 300 m langen Walkenrieder Tunnel verschwindet. Unter Ihnen befindet sich die Himmelreichhöhle (unzugänglich).

In sachtem Anstieg führt der Wanderweg im Wald aufwärts zu einer Schutzhütte und schwingt hier in die Ostrichtung, oben auf der Höhe sind zwischen alten Buchen unten

Die Mauern machen das Kloster nicht.
Sprichwort

Eine Landschaft, tatsächlich wie das Himmelreich

Farbpunkte und Baumcharaktere im sommerlichen Feld.

der Itelteich zu sehen sowie die Eisenbahn-
linie, die in einem Höhlentunnel den Berg
durchquert. Gleich darauf erreicht der Weg
den geländergesicherten Hexentanzplatz,
wo sich im Himmelreich **02** zwischen Ake-
leibeständen ein ausgezeichneter Blick über
Ellrich hinweg auf die bewaldeten Berge des
Südharzes bietet; auch das monumentale
Kreuz auf dem Stolberg ist in Sicht.

Vom Hexentanzplatz senkt sich der Karstwanderweg im Laubwald durch die passagenweise wandartig steile Gipsflanke der
Itelklippen, führt zwischen alten Bäumen
über dem Südufer des Itelteichs westwärts
und mündet am Ende des Naturschutzgebiets auf einen Asphaltweg. Dieser führt
links am Gipssteinbruch vorbei, dort geht es
rechts auf einem wegen des Gipsuntergrun-
des weißen Weg über die Wieda, die durch
einen Laubwaldstreifen mäandert, längs der
Wiedigshofer Straße kurz links und dann
rechts in den Wald hinauf. Im Hang des
Rösebergs schlängelt sich der Karstwanderweg nordwärts, und wenn er mit dem
Hang westwärts kurvt, begleitet ihn bald
ein Bach, hinter dem schilfgesäumte Fischteiche zu sehen sind. Am Kalkteich lädt eine
Sitzbank zur Rast ein. Wenig später wendet
sich der Karstwanderweg rechts, überquert
die Gleise und führt zurück zur Klosterruine in Walkenried **01**.

Dein Moment für die Ewigkeit

Das Spiel mit der Architektur

Auch wer als LandschaftsfotografIn loszieht, wird ab und zu über Türme, Burgen oder andere imposante Bauten stolpern. Oft ist es spannend, deren Wechselwirkung mit der Umgebung einzufangen. Unterstreiche dabei die Besonderheiten des Gebäudes. Beim Kloster Walkenried sind das sicher die Fensterdurchbrüche, durch die der Abendhimmel fällt.

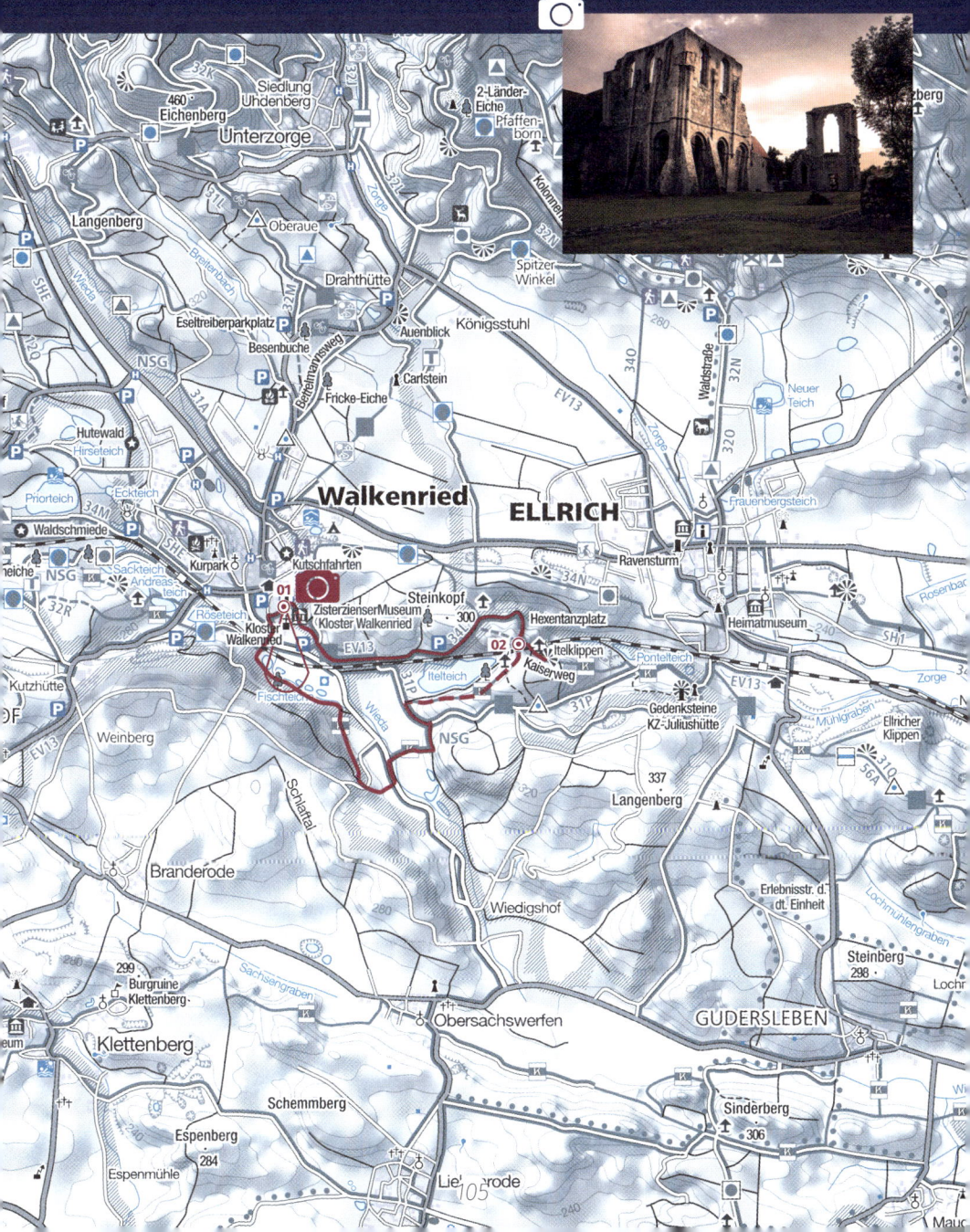

14 Wasser unten und oben

Das schluchtartige Ilsetal bei Ilsenburg gibt einen der schönsten Wege in den nördlichen Harz frei. Dort lohnt sich auch der Besuch der Westerklippe, eines Felsens, auf dem man zwei meist mit Wasser gefüllte Steinschalen findet.

Bilder von: Jennifer Hartung @_jennyhartung

Ilsenburg – Westerberg

Tourencharakter
Außer im Ilsetal wenig frequentierte Rundwanderung auf meist bequemen Waldwegen und -pfaden zur aussichtsreichen Westerklippe; für Mittelgebirgs-verhältnisse extrem steiler Abstieg ins Ilsetal (schmaler Serpentinenpfad).

Start und Ziel
Parkplatz beim Forellenteich an der Harzburger Straße in Ilsenburg. Anfahrt B6 Bad Harzburg – Wernigerode und abzweigen nach Ilsenburg (Zentrum), man stößt automatisch auf den großen Forellenteich. Bahn/Bus: Bahn- und Buslinie Bad Harzburg – Wernigerode. Der Ausgangspunkt ist 5 Minuten vom Bahnhof entfernt.

Schwierigkeit: leicht - **mittel** - schwer
Dauer: **3:30 h**
Länge: **15,2 km**
Aufstieg **413 hm**
Abstieg **413 hm**

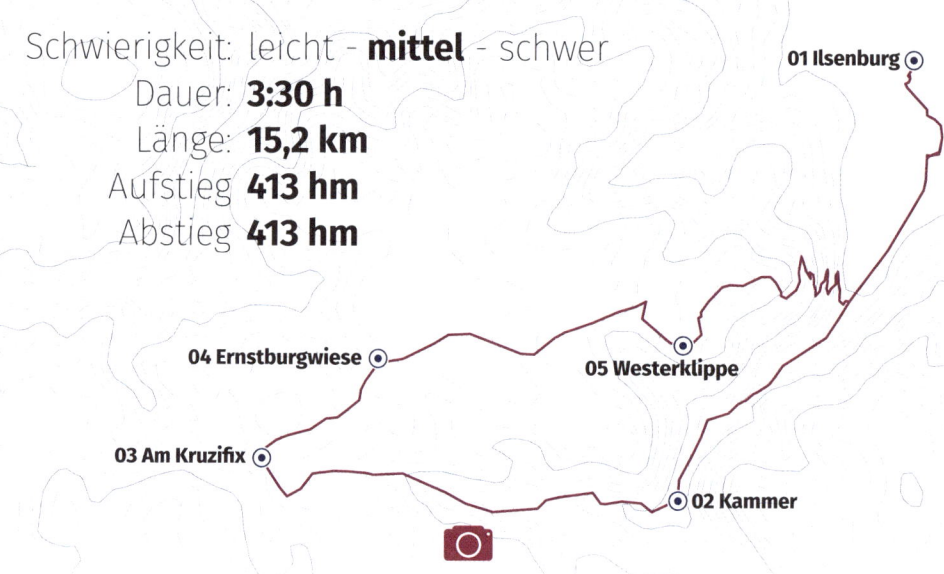

Höhenlinienmodell mit Streckenverlauf

Höhenprofil

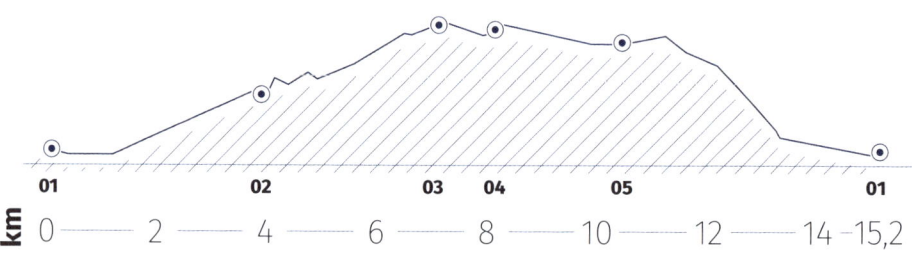

Herrliche, sonnenbeschienene Buchenwälder und ein
munteres Flüsschen, das sich zwischen mächtigen
Granitbrocken seinen Weg bahnt: Es gibt nur wenige Täler
im Harz, die so wildromantisch und abwechslungsreich sind.

www.harz-beat.de

▶ Vom Forellenteich in Ilsenburg **01** folgt die x-Markierung des Europäischen Fernwanderwegs 11 zunächst einer Promenade mit Blick auf die Stadt, die Türme des Schlosses und den Eingang des Ilsetals. Dann führt der Weg weiter zum Markt und durch die von Holz- und Fachwerkhäusern gesäumte Rudolf-Breitscheid-Straße, geht über in den Mühlenweg, und erreicht den zentralen Wanderparkplatz Blochhauer. Dort beginnt der Blau-X-Wanderweg, der längs der Ilse unter alten Bäumen aufwärts führt.

An der Einmündung des Großen Sandtals (Kammer **02** genannt) verlässt der Blau-X-Wanderweg die Ilse und folgt einem Forstweg rechts hinauf Richtung „Bad Harzburg" durch das Große Sandtal. Gleich darauf lädt bei zwei riesenhaften Altfichten eine Bank zur Rast ein. Wer extra Zeit eingeplant hat, sollte hier über den Bremer Weg einen Abstecher zu den Ilsefällen miteinplanen 📷. Der Weg überquert den Bach, passiert die Abzweigung des rechts durch das Kleine Sandtal führenden und wenig später des links zum Scharfenstein abzweigenden Wegs und führt durch das stille Waldtal hinauf zur Wegspinne Am Kruzifix **03** (Sitzbänke, Tisch, Schutzhütte, Brockenblick). Das schmiedeeiserne Kreuz

Brücken, Flüsse, Wälder

steht an einem bereits um 1640 erwähnten Forstort. Die Markierung „grünes Quadrat" leitet auf dem Betonwabenweg rechts hinauf Richtung „Ilsenburg", passiert in der nächsten Senke die Maitzentalabzweigung (gelbes Quadrat) und führt durch die Ernstburgwiese **04**, eine große, waldumrahmte Bergwiese, mit Bänken, Tischen und Schutzhütte; benannt nach der Ernstburg, einem um 1770 errichteten Jagdhaus, das nach dem Zweiten Weltkrieg abgerissen wurde.

Vor der nächsten Kuppe führt der Weg rechts in den Wald, an der Verzweigung links hinauf und leitet durch Fichtenforste dem Westerberg zu (grünes Quadrat).

Wir überqueren den Schwarzen Graben, einen im 19. Jh. angelegten Entwässerungsgraben, und eine Wildfütterungsstelle, dann sind im Wald mehrere Felsen zu sehen, von denen der kanzelartige Kauschieten- oder Kuhklackerstein namentlich ausgeschildert ist. Die Grünpunkt-Markierung führt zur geländergesicherten Westerklippe **05**. Der zwei wassergefüllte Schalen aufweisende Kanzelfelsen bietet einen Blick über das Sand- und das Ilsetal hinweg zu Brocken und Renneckenberg sowie – links zwischen der Kiefer und der Fichte – zur Paternosterklippe. Auch an den nächsten Felsgruppen sind ausgeprägte Schalen sowie eine sesselförmige Vertiefung zu beobachten. An einer Schutzhütte führt der Grünpunkt geradeaus zum Froschfelsen, kurz darauf beginnt der serpentinenreiche, steile Abstieg zur Bäumlersklippe. Sie ist benannt nach dem Jäger Bäumler, der hier 1752 Selbstmord beging, nachdem er aus Eifersucht seinen eigenen Sohn erstochen hatte (wurde von Fontane im Roman „Ellernklipp" verarbeitet). Wenig später ist der Kurpark im Ilsetal erreicht, links geht es zurück zum Ausgangspunkt.

Dein Moment für die Ewigkeit

Formen und Linien

Im Bachbett der Ilse ist viel los: Steine, Farn, Äste und Wasserlauf drängen sich auf engen Raum. Damit dein Fotos nicht überladen wirkt, versuche bewusst Formen und Linien zur Orientierung zu geben. Hier helfen die vertikalen Stämme im Hintergrund, die waagrechte Brücke und die Stufe im Fluss das Auge zu lenken.

15 Stämme ohne Ende

Im Osten des Ilsetals sehen manche Wanderer den Wald vor lauter Bäumen nicht mehr. Hauptsache, man läuft nicht an den Ilsefällen, den felsigen Brockenkindern und am aussichtsreichen, mit einem Gipfelkreuz geschmückten Ilsestein vorbei

Bilder von: **Jessica Cramme @butzica**

Ilsefälle und Ilsestein

Tourencharakter
Abwechslungsreiche Rundtour auf teilweise felsigen Wald- und Wurzelwegen im Ilsetal, danach bequeme Forst- und Waldwege.

Start und Ziel
Parkplatz am Forellenteich an der Harzburger Straße in Ilsenburg. Anfahrt B6 Bad Harzburg – Wernigerode und abzweigen nach Ilsenburg (Zentrum), man stößt automatisch auf den großen Forellenteich. Bahn/Bus: Bahn- und Buslinie Bad Harzburg – Wernigerode. Der Ausgangspunkt liegt 5 Minuten vom Bahnhof entfernt.

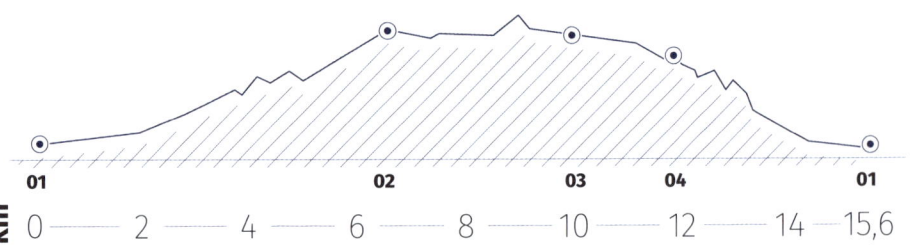

Schwierigkeit: leicht - **mittel** - schwer
Dauer: **4:00 h**
Länge: **15,6 km**
Aufstieg **280 hm**
Abstieg **280 hm**

01 Ilsenburg
04 Ilsestein
02 Bremer Hütte
03 Plessenburg

Höhenlinienmodell mit Streckenverlauf

Höhenprofil

Die vielen Bäume und die wenigen Menschen - die machen den Wald so schön.

Otto Weiß (1849-1915)

Erhöhte Position...

Der von Wasserfällen, urwüchsigen Buchenwäldern und schroffen Felsszenerien geprägte Schluchtabschnitt des Ilsetals von Ilseburg bis hinauf zu den Ilsefällen gehört zu den schönsten Harztälern. Er liegt teils an der Grenze des Nationalparks Harz und teils im Naturschutzgebiet Rohn- und Westerberg, zu dem auch die Hänge und Felsen auf beiden Seiten des Tals gehören, darunter der rund 150 Meter senkrecht aus dem Tal aufragende Ilsestein, einer der schönsten Aussichtspunkte des Harzes.

▶ Vom Forellenteich in Ilsenburg **01** folgt die x-Markierung des Europäischen Fernwanderwegs 11 einer Promenade mit Blick auf die Stadt, die Türme des Schlosses und den Eingang des Ilsetals zum Markt und durch die von Holz- und Fachwerkhäusern gesäumte Rudolf-Breitscheid-Straße, übergehend in den Mühlenweg, zum zentralen Wanderparkplatz Blochhauer, wo der Heinrich-Heine-Weg (Grünstrich) beginnt und längs der Ilse unter alten Bäumen aufwärts führt.

An der Blankschmiedebrücke befinden sich die letzten Parkplätze, der Heinrich-Heine-Weg zweigt an der nächsten Brücke auf einen felsigen Weg im Buchenhochwald neben der Ilse ab.

Wenig später überquert er den Bergbach auf der Ernst-Helbig-Stegbrücke (Harzer Landschaftsmaler der Romantik, 1802–66), tritt nach Queren der Ilsetalstraße am Zant-

hierplatz (Schutzhütte) am Fuß des Ilsesteins in das Naturschutzgebiet Rohn- und Westerberg ein und folgt der Ilse auf einem bequemen Waldweg weiter aufwärts. Links des über Blockwerk tanzenden Bachs bleibend passiert der Wanderweg eine gewässerkundliche Messstation und eine Stegbrücken-Abzweigung zur Plessenburg (Aufstieg auf der Fahrstraße) und tritt in einen blockreichen, hallenartigen Buchenhochwald ein. Vorübergehend verwandelt sich der Weg in einen Steilhangpfad, passiert am Ende des Naturschutzgebiets erneut eine Brücke, wechselt an der Mündung des Sandtalbachs vorübergehend in das Große Sandtal, überquert den Sandtalbach auf der nächsten Brücke und erreicht eine Wegverzweigung.

Hier geht es geradeaus zum Beginn der Ilsekaskaden. Vor dem ersten der Unteren Ilsefälle überquert der Heinrich-Heine-Weg den Bach. Auf der rechten Hangseite finden sich Waldflächen, die noch stark in Mitleidenschaft genommen sind . Weiter passiert der Weg eine Rastanlage mit Sitzbänken und Tisch und führt steinig hinauf zum Heinedenkmal, wo im Bereich der Oberen Ilsefälle erneut Sitzbänke zur Rast laden. Steinig führt der an nassen Stellen mit Bohlen ausgelegte Pfad im Hang über dem Wasserfallbach aufwärts, dann flacht das Gelände ein. An der Verzweigung an der Bremer Hütte **02** bei der Roten Brücke geht es scharf links weiter auf dem Unteren Gebbertsweg, einem Wirtschaftsweg (Markierung grünes Dreieck), der kurz aufwärts und dann bequem im Hang durch Fichtenforste zum Ausflugslokal Plessenburg **03** führt.

Auf der für den öffentlichen Verkehr gesperrten Zufahrt geht es hinab zur Wanderbushaltestelle, dort zweigt der schmale Waldweg Richtung Ilsenburg ab (Rotpunkt-Markierung) und führt zur Paternosterklippe, einem hervorragenden Aussichtspunkt mit Blick zum Brocken und in das Ilsetal, aus dem das Rauschen der Wasserfälle heraufdringt.

Nun senkt sich der Weg im Wald hinab zur Ilsesteinquelle, die in einem Blockmeer zu Tage tritt, und führt hinauf zum riffartigen, geländergesicherten Gipfel des 150 m aus dem Tal aufragenden Ilsesteins **04**, wo eine weitere autofreie Ausflugsgaststätte zum Verweilen einlädt: Weit schweift der Blick nordwärts über Ilsenburg hinaus auf das Harzvorland, während im Süden der mächtige Brocken über dem tief eingeschnittenen Ilsetal wacht. Das Brausen der Wasserfälle dringt hier herauf bis zur Spitze des Felsens.

In hallenartigem Buchenmischwald führt der Weg an den Adlerklippen und weiteren im Steilhang anstehenden Felsen vorbei zu einer Hütte und verwandelt sich dort in einen Pfad, der, teils in Serpentinen, zum zentralen Wanderparkplatz Blochhauer in Ilsenburg **01** zurückführt.

Am Ilsestein wird der Harz ziemlich vertikal.

Dein Moment für die Ewigkeit

Farbe bitte selbst mitbringen

Ein Orkansturm, eine Trockenheit und dann der Borkenkäfer. Die Fichtenwälder im Harz haben viel mitgemacht. Dementsprechend finden sich Flächen mit entwurzelten oder abgestorbenen Fichten, vor allem in der Gegend rund um den Brocken. Hier kannst du mit eigenen Akzenten und bewegten Motiven einen Kontrapunkt zur Umgebung setzen.

16 Top of Harz

Auf den Brocken, den höchsten Gipfel des deutschen Nordens, ziehen mehrere Pfade. Der steilste und unwegsamste führt durch das wildromantische Eckerloch, in dem man um Trittsicherheit ganz froh ist.

Bilder von: **Janis Wieczoreck**
@janiswieczorek

Brocken über Eckerlochstieg

Tourencharakter
Schöne Bergwanderung im Nationalpark, teilweise auf steilen Fels- und Wurzelweglein, die festes Schuhwerk erfordern.

Start und Ziel
Schierke (613 m) Rathaus, Bushaltestelle und Parkplätze an der Brockenstraße neben der Kurverwaltung und dem Nationalpark-Infozentrum im Ortsteil Schierke von Wernigerode. Bahn/Bus: Bus Wernigerode – Elend – Schierke und Braunlage – Schierke. Brockenbahn Drei Annen Hohne – Schierke – Brocken.

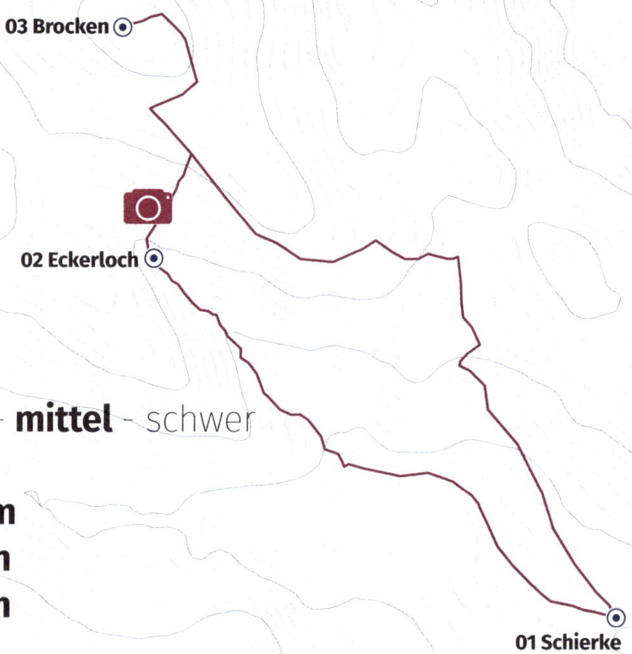

03 Brocken ⊙

🔲

02 Eckerloch ⊙

01 Schierke ⊙

Schwierigkeit: leicht - **mittel** - schwer
Dauer: **5:00 h**
Länge: **13,3 km**
Aufstieg **529 hm**
Abstieg **529 hm**

Höhenlinienmodell mit Streckenverlauf

Höhenprofil

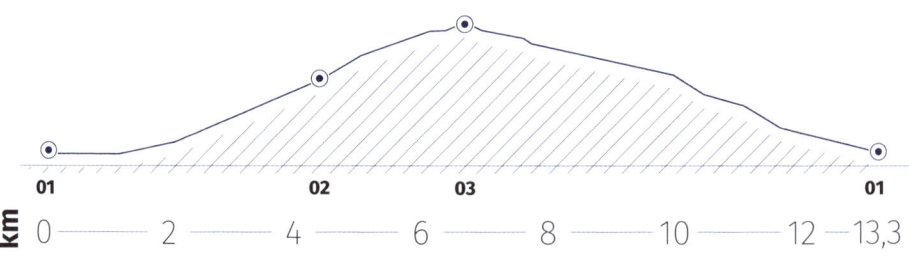

| 01 | 02 | 03 | | 01 |

km 0 —— 2 —— 4 —— 6 —— 8 —— 10 —— 12 — 13,3

Der recht steile Steig durch das Eckerloch im Südhang des Brockens ist ein beliebter Zustieg zum höchsten Gipfel des Harzes. Steine und Wurzeln erfordern festes Schuhwerk.

▶ Vom Rathaus in Schierke **01** führt die Brockenstraße mit schönen Wurmberg-Blicken in sachtem Anstieg aufwärts und tritt beim Großparkplatz am Ende des für den öffentlichen Verkehr zugelassenen Bereichs der Brockenstraße in den Nationalpark ein, wobei wir zunächst weiterhin auf der Brockenstraße bleiben (in Richtung „Eckerloch"). Zwischen den Bäumen fällt der Blick hinaus auf die Schluftwiesen im Tal der Kalten Bode. Das Wort „Schluft" bedeutet „Schlucht" und verweist auf den Schluchtcharakter des vom Schwarzen Schluftwasser durchflossenen Eckerlochs. Das in einem Quellmoor am Südhang des Brockens entspringende Schluftwasser mündet hier in die Kalte Bode, kurz oberhalb der Mündung verlässt der Wanderweg die Brockenstraße

1141 m über dem Meeresspiegel
ca. 300 Nebeltage pro Jahr
10,3 °C durchschnittliche Tageshöchsttemperatur im Juli
178 Tage mit Schneedecke auf dem Gipfel
263 km/h höchste gemessene Windgeschwindigkeit
Eckdaten des Brocken www.harzinfo.de

Wald und Felsen charakterisieren den höchsten aller Harzgipfel

Eckerlochstieg-Eindrücke.

und wechselt bei einem alten Wasserwerk rechts hinauf ins steile Tal des Schluftwassers. Recht steil führt der Weg in Fichtenforsten, die in naturnahe Wälder umgewandelt werden sollen, aufwärts, begleitet vom Plätschern des Bachs. Nach Queren der Brockenstraße steigt der Waldweg noch etwas an, dann erreicht er nach Queren der Brockenbahntrasse den Rastplatz mit Schutzhütte imEckerloch **02**. Passagenweise auf Bohlenwegen **O** führt der Eckerlochstieg weiter aufwärts und mündet schließlich bei der Knochenbrecherkurve auf die für den öffentlichen Verkehr gesperrte Brockenstraße. Sie führt am Brockenbahnhof vorbei zum Brockengipfel **03**. Um nach Schierke zurückzukehren folgen wir der Brockenstraße im Hang der Heinrichshöhe abwärts, kurz nach Passieren einer Toilette bei einer Borkenkäfer-Informationstafel wechseln wir rechts auf den Wanderweg Kabelgraben, treffen nach kurzem, steilem Abstieg wieder auf die Brockenstraße, folgen ihr kurz weiter abwärts und zweigen an der nächsten Kurve auf den mit dem Zeichen „grün-x" markierten Wanderweg Alte Bobbahn ab. Er führt steil hinab und quert die Trasse der Brockenbahn, dann leitet der bequeme Neue Weg zurück nach Schierke **01**.

Dein Moment für die Ewigkeit

ISO und Belichtungszeit

Mit dem ISO-Wert stellst du oder der Automatikmodus die Lichtempfindlichkeit des Sensors ein. Je höher der Wert ist umso weniger Licht wird benötigt, gleichzeitig sinkt aber auch die Qualität. Wenn du wie hier bei schwächerem Licht ein bewegtes Model scharf fotografieren willst und dementsprechend die Belichtungszeit gering halten möchtest, solltest du die ISO erhöhen. Hier liegt sie bei ISO 640.

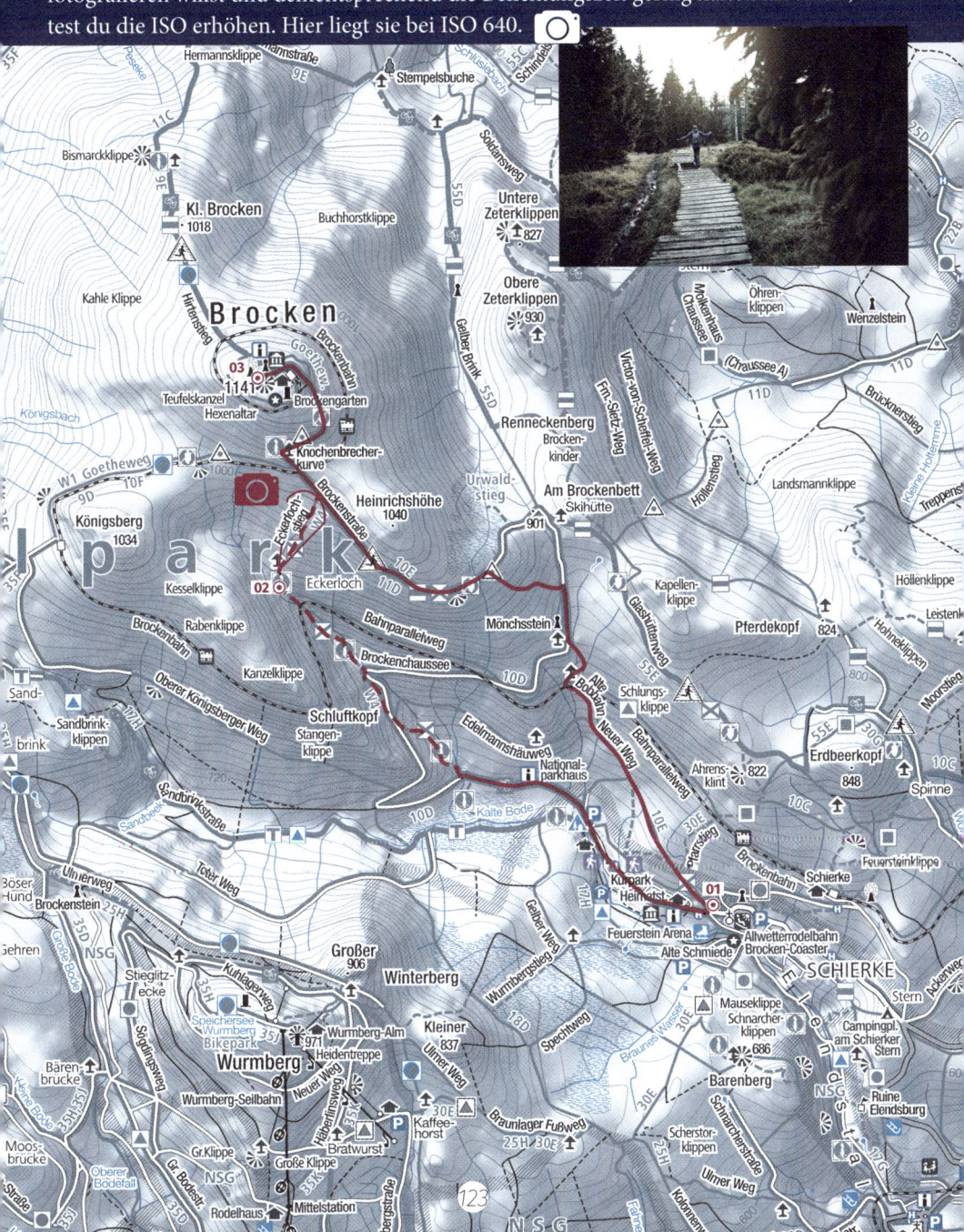

17 Brocken-Roundabout

Selbst bequeme Reisende, die den Waggons der 1885 eröffneten Brockenbahn entsteigen, sind vom schier endlosen Blick in die Ferne hingerissen. Auf dem kurzen Rundweg um den höchsten Gipfel des Harzes intensiviert sich dieser Eindruck noch gewaltig!

Bilder von: **Janis Wieczorek**
@janiswieczorek

Der Brocken-Rundwanderung

Tourencharakter
Leichte Panoramawanderung.

Start und Ziel
Brockenbahnhof (1125 m, per Brockenbahn oder zu Fuß erreichbar).
Bahn: Brockenbahn Drei Annen Hohne – Schierke – Brocken.

Schwierigkeit: **leicht** - mittel - schwer
Dauer: **1:00 h**
Länge: **1,3 km**
Aufstieg **17 hm**
Abstieg **17 hm**

02 Brocken
01 Brockenbahnhof

Höhenlinienmodell mit Streckenverlauf

Höhenprofil

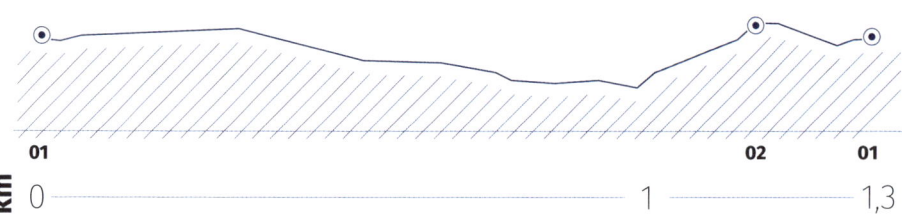

Seit Juli 1992 können unsere Gäste wieder den höchsten Gipfel Norddeutschlands mit unseren rund 700 PS starken Dampfrössern erklimmen. Als reine Adhäsionsbahnen, also ohne Zahnräder oder ähnliche Hilfsmittel, meistern unsere Dampflokomotiven dies mehrfach täglich.

www.hsb-wr.de, die Webseite der Harzer Schmalspurbahnen

Der Brocken-Rundwanderweg leitet als exzellenter Panoramaweg vom Brockenbahnhof durch die Hänge und auf den höchsten Gipfel im deutschen Norden. Fast zwei Millionen Menschen besuchen jährlich den Brocken, doch trotz Massentourismus ist die Faszination dieses Ausnahmebergs, der seinen Namen nach den Bruch- und Moorgebieten im Westhang trägt, auch aus der Wanderperspektive ungebrochen – sofern man früh auf den Beinen ist. Bis Ende des 19. Jhs. erfolgte der Aufstieg zum Brocken vergleichsweise naturnah zu Fuß, zu Pferd oder auf Maultieren, ab 1885 fuhr bei Schneefreiheit täglich ein Pferdeomnibus auf den Brocken, 1898 wurde der Eisen-

bahnverkehr eröffnet: Bis zu zehnmal täglich fährt heute die Brockenbahn auf den höchsten Harzgipfel und schleudert ihre Qualmwolken in die Wälder des Nationalparks.

Eisenbahnnostalgiker beschreiben die Fahrt mit dieser Schmalspurbahn, die von 700 PS starken Dampfrössern gezogen wird, als unvergessliches Erlebnis. Die Brockenbahn, Bestandteil der Harzer Schmalspurbahnen (HSB), zweigt in Drei Annen Hohne (543 m) von der Harzquerbahn ab und fährt via Schierke (687 m) zum Brockenbahnhof (1125 m), dem höchstgelegenen Bahnhof aller deutschen Adhäsions-Schmalspurbahnen.

▶ Vom Brockenbahnhof **01** führt der Gipfelrundweg oberhalb der Gleise an der Wetterwarte vorbei zum Brockengarten, einem 1890 begründeten und 1990 neu angelegten alpenbotanischen Garten.

Mit großartigem Ausblick Richtung Wurmberg und Achtermannshöhe erreicht der Rundweg die Felsen von Teufelskanzel und Hexenaltar. Sie zeigen wie viele andere Granitfelsen des Harzes eine typische Wollsackverwitterung. Über die Wollsackverwitterung – die bekanntesten Felsen am Brockengipfel sind die Teufelskanzel und der Hexenaltar – entstehen große Gesteinsblöcke, die durch Umlagerung und weitere Verwitterungsprozesse die Ausbildung von Blockfeldern bedingen. Aussichtsreich

führt der Weg weiter im Hang, berührt vorübergehend die Baumgrenze und trifft unterhalb des Funkturms Brocken auf den von Ilsenburg heraufführenden Hirtenstieg = Heinrich-Heine-Weg 🔘.

Der Heinrich-Heine-Weg führt rechts hinauf zum Brockengipfel **02** mit der Brockenuhr, die die Punkte im Blickfeld benennt. Daneben finden sich das Brockenmuseum, das Brockenhotel Brockenherberge und weitere Einkehrstätten sowie das 1736 als erstes Bauwerk auf dem Brocken errichtete Wolkenhäuschen mit einer Plakette, die an Goethes Winteraufstieg im Jahr 1777 erinnert. Von hier geht es auf der autofreien Zufahrt zurück zum nahen Ausgangspunkt, dem Brockenbahnhof.

Ausblick vom Brocken.

Dein Moment für die Ewigkeit

Stabil scharf

Grundsätzlich gilt der doppelte Brennweitenwert für die Belichtungszeit als Garant gegen verwackelte Bilder. Beispielsweise wie hier bei einer Brennweite von 50 mm sollte man mit mindestens 1/100 belichten. Wer kein Risiko eingehen will nimmt gleich ein kleines Stativ mit oder improvisiert vor Ort.

18 Zu den Quellen

Auch am Fuß des Brockens lassen sich wunderbare Wanderungen unternehmen – etwa vom Luftkurort Schierke zur Bodensprung, der sagenumwobenen Quelle der Kalten Bode unter dem Moor am Brockenfeld.

Bilder von**: Dennis Krüger**
@d3nnis.ka

Schierke – Bodesprung

Tourencharakter
Bequeme Talwanderung.

Start und Ziel
Busendhaltestelle „Café Winkler" in Oberschierke (620 m) an der Brockenstraße
33. Anfahrt B 27 Bad Lauterberg – Braunlage – Blankenburg, in Elend abzweigen Richtung Wernigerode und wenig später Richtung Schierke. Bahn/Bus: Bus
Wernigerode – Schierke – Braunlage; Brockenbahn.

Schwierigkeit: **leicht** - mittel - schwer
Dauer: **4:00 h**
Länge: **14,2 km**
Aufstieg **280 hm**
Abstieg **280 hm**

Höhenlinienmodell mit Streckenverlauf

Höhenprofil

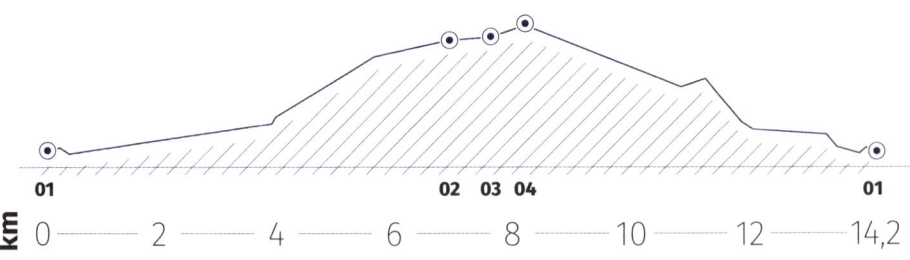

Gemauerte Brücken führen hier über Bachbetten.

Wünsche sind die beachtlichsten Brücken-
bauer und die mutigsten Begeher.

Elfriede Hablé (1934-2015)

Diese bequeme Talwanderung führt auf fast durchgehend radfähigen Wegen im Nationalpark Harz zur Quelle der Kalten Bode und im Hang des Königsbergs zurück. Bei klarer Sicht ist es empfehlenswert, die Wanderung zum Brocken zu verlängern.

▶ Von Oberschierke **01** führt die Brockenstraße mit Wurmberg-Blick in sachtem Anstieg kurz aufwärts, im Endbereich des für den öffentlichen Verkehr zugelassenen Abschnitts der Brockenstraße (hier Jugendherberge, Parkplatz, Nationalparkgrenze) geht es links über die Kalte Bode 🄾 auf die

Sandbrinkstraße. Dieser mit „blauem Dreieck" markierte Forstweg (Richtungsangabe „Dreieckiger Pfahl") folgt dem Fluss im weiten Tal zwischen dem Großen Winterberg (links) und dem Königsberg aufwärts, zunächst am Rand der schon im Nationalpark gelegenen Schluftwiesen (Schluft = Schlucht), dann im Wald.

Wo die Kalte Bode unterhalb der Sandbrinkklippen eine stärkere Gefällestufe überwindet, holt der Weg zu einer Serpentine aus und mündet dann unweit des Dreieckigen Pfahls auf den Kolonnen-

Der spitze Kirchturm von Schierke lugt aus dem Grün.

weg. Am Dreieckigen Pfahl **02**, einer alten Grenzmarke, laden Tische, Bänke sowie eine Schutzhütte zur Rast.

Dem Kolonnenweg folgen wir dann hinab zum Bodesprung **03** (870 m). Die Kalte Bode entspringt am Rand des Brockenfelds an einer uralten Herrschaftsgrenze. Über das Quelltal der Kalten Bode hinweg fällt der Blick hinauf zum Wurmberg und links

auf die Flanke des Königsberg, durch die der Rückweg führt. Vom Bodesprung geht es auf dem Kolonnenweg zunächst aussichtsreich, dann im Wald aufwärts Richtung Brocken.

Kurz bevor von links der Goetheweg einmündet, zweigt rechts der Obere Königsberger Weg **04** Richtung „Schierke" ab. Ihm folgen wir im bewaldeten Hang zurück nach Schierke.

Dein Moment für die Ewigkeit

Sucher und Display nutzen

Überleg dir früh genug was du fotografieren willst und wo dafür der beste Standort ist. Erst der Blick durch den Sucher oder auf das Display zeigt dir, ob die gewählte Position optimal ist. Die Wahl den kleinen Bach fast von der Wasserlinie aus aufzunehmen, verbreitert die Dimensionen des Bachbettes und lässt ihn gleich größer erscheinen.

19 Nichts für Verschnarchte

Es ist durchaus kein Elend, im gleichnamigen Luftkurort am Südrand des Nationalparks Harz die Wanderstiefel zu schnüren. Und auch die luftigen, aber mit Leitern erschlossenen Schnarcherklippen am nahen Barenberg sind alles andere als verschnarcht.

Bilder von: **Jessica Cramme @butzica**

Elend – Schnarcherklippen

Tourencharakter
Bequeme Talwanderung; lediglich der Aufstieg zu den Schnarcherklippen ist steil.

Start und Ziel
Elend Ortsmitte (505 m), Bushaltestelle und Parkplatz im Ortsteil Elend der Stadt Oberharz an der Braunlager Straße Bundesstraße 27 Bad Lauterberg – Braunlage – Blankenburg. Bahn/Bus: Harzquerbahn Wernigerode – Nordhausen. Bus Schierke – Wernigerode und Braunlage – Schierke.

Schwierigkeit: **leicht** - mittel - schwer
Dauer: **3:00 h**
Länge: **6,9 km**
Aufstieg **166 hm**
Abstieg **166 hm**

Höhenlinienmodell mit Streckenverlauf

Höhenprofil

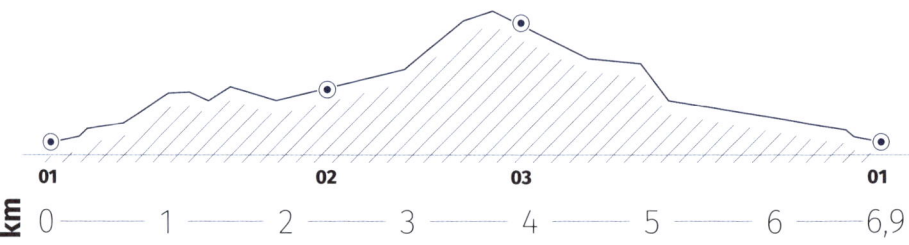

Wurzelreicher Wegabschnitt.

Die Wurzeln erzählen den Zweigen nicht, was sie denken.

Sprichwort

▶ In der Ortsmitte des Luftkurorts Elend **01** steht bei uralten Eichen die kleinste Holzkirche des Harzes. Vom Kreisverkehr bei Parkplatz, Kirche und Bushaltestelle führt die Braunlager Straße kurz Richtung Braunlage, bis rechts das Elendstal und der Wanderweg „Rund um den Brocken" ausgeschildert sind: Durch die Wiesen geht es dem Wald zu, dort kurz links und nach Unterqueren der Harzquerbahntrasse in das Naturschutzgebiet Elendstal.

Gleich am Anfang ragt links der Talwächter auf, eine 41 m hohe und über 140 Jahre alte Fichte. Begleitet vom Rauschen der Kalten Bode folgen wir dem mit Lehrtafeln versehenen Forstweg in sachtem Anstieg aufwärts, wechseln an der ersten Stegbrücke das Ufer und folgen dem Boderandweg aufwärts.

Dieses pfadartige naturnahe Weglein führt teils in Ufernähe, teils oben im Hang durch die Wälder, während unten der Fluss in Kas-

Die Schnarcherklippen zählen zu den imposantesten Felsgebilden im Harz.

kaden über Blockwerk gischtet – ein sehr schöner Weg, felsige Steilhangpassagen sind geländergesichert, zwischendurch laden alte Bänke zur Rast. Je weiter wir wandern, desto höher werden die Kaskaden, dann mündet der Weg an der ersten Brücke wieder auf den Forstweg; direkt vor der Einmündung zweigt links hinauf ein Weg zu den Schnarcherklippen ab (gelbes Quadrat). Über dem Westufer folgt der Wanderweg „Rund um den Brocken" der Kalten Bode weiter aufwärts, und wenn das Naturschutzgebiet endet, sind die ersten Häuser des Luftkurorts Schierke **02** erreicht.

An der Bodebrücke verlassen wir den Wanderweg „Rund um den Brocken" und steigen links hinauf zum Hotel „Bodeblick" im Hang des Barenbergs. Bergseitig des Hotels „Bodeblick" zweigt der Wanderweg Richtung Schnarcherklippen ab.

Am Waldrand wechseln wir links auf einen Hangweg (gelbes Quadrat) und zweigen wenig später rechts auf einen ausgeschilderten Pfad ab, der recht steil in einem Wiederaufforstungsgelände zu den beiden wollsackverwitterten Felstürmen der Schnarcherklippen **03** 📷 führt. Die nördliche ist auf Leitern ersteigbar und gewährt ein beachtliches Hochharz-Panorama.

Von den Klippen kehren wir zurück zum Hangweg „gelbes Quadrat" und folgen diesem Weg dann rechts zurück zur Brücke im Elendstal.

Für die Rückkehr in den Luftkurort Elend **01** wählen wir den bequemen Forstweg mit den informativen Naturlehrpfadtafeln.

Dein Moment für die Ewigkeit

Aufteilung

Erscheint ein Motiv auf den ersten Blick als nicht sonderlich spannend, konzentriere dich auf die Bildaufteilung. Das obere Drittel wird hier klassisch durch den Himmel bestimmt. Der Fels bildet das zweite horizontale Drittel, Bäume und Äste bestimmen das unterste Drittel. Vertikal teilen die dunklen Äste im Vordergrund das Bild annähernd mittig.

20 Von Klippe zu Klippe

Seit dem 16. Jahrhundert werden die unverwech-
selbaren Granitköpfe um den Renneckenberg und
die Hohneklippen als „Steinharz" bezeichnet. Wer
dieses Gebiet durchstreift, wird das nur zu gut verstehen und bald ebenfalls eine Fotopause einlegen.

Bilder von: **Janis Wieczorek**
@janiswieczorek

Steinerne Renne – Hohneklippen

Tourencharakter
Aussichtswanderung auf Wald- und Wurzelwegen, teilweise steil.

Start und Ziel
Bahnhof Steinerne Renne (311 m) an der Harzquerbahn an der Straße „Freiheit" im Ortsteil Hasserode der Stadt Wernigerode. Anfahrt Wernigerode – Schierke. Bahn: Harzquerbahn Wernigerode – Nordhausen.

Schwierigkeit: leicht - **mittel** - schwer
Dauer: **6:45 h**
Länge: **22,0 km**
Aufstieg **619 hm**
Abstieg **619 hm**

01 Bahnhof Steinerne Renne

02 Gasthaus Steinerne Renne

03 Obere Zeterklippe

05 Ottofelsen

04 Leistenklippe

Höhenlinienmodell mit Streckenverlauf

Höhenprofil

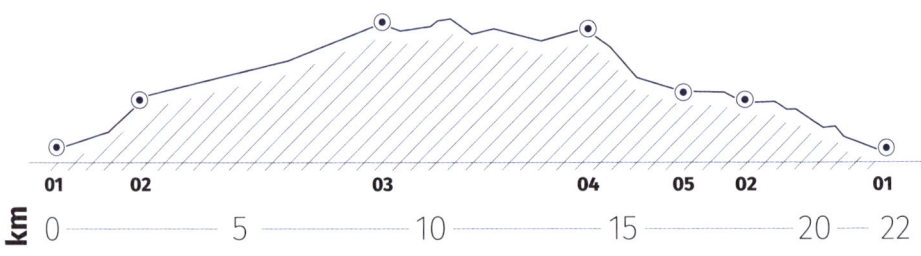

144

▶ Vom Bahnhof Steinerne Renne **01** an der Harzquerbahn leitet die Markierung „Rotpunkt" im wildromantischen Wasserfalltal der Holtemme aufwärts. Der Name Steinerne Renne für diese Schlucht, in der sich die Holtemme ihren Weg zwischen Geröll und Blockwerk sucht, ist schon seit dem Mittelalter belegt. Am oberen Ende der Schlucht lädt das Waldgasthaus Steinerne Renne **02** zur Einkehr, die Rotpunkt-Markierung folgt der bequemen Molkenhaus-Chaussee weiter aufwärts, wobei der Lauf der Holtemme die Route vorgibt.

Nach Durchqueren des Hanneckenbruchs, in dem sich zwischen Renneckenberg und Öhrenklippen die Quellbäche der Holtemme sammeln, zweigt die Rotpunkt-Markierung links steil auf den Renneckenberg ab, während wir der Molkenhaus-Chaussee weiter folgen und die Wegspinne Stern erreichen. Hier zweigt der mit dem Zeichen „Rotstrich" markierte Forstmeister-Sietz-Weg zu den Zeterklippen hinauf ab, die den Nordabschluss des Klippenkamms bilden. Die mauerartig aufragende Obere Zeterklippe **03** (930 m) ist auf einer Lei-

Erdgeschichte zum Anfassen und Lebensraum für Spezialisten

www.nationalpark-harz.de über Klippen und Blockmeere im Harz

Viel Holz gibt's auch im Steinharz.

ter ersteigbar und bietet einen guten Blick zum Brocken. Von der Oberen Zeterklippe führt der mit „Rotstrich" markierte Pfad weiter über den Kamm und erreicht die Brockenkinder, eine Ansammlung wollsackverwitterter, rundlicher, isoliert aufragender, nicht allzu hoher Granitfelsen. Sie bilden einen angenehmen, schattigen Rastplatz. Zu den imposantesten Felsmassiven zählt die benachbarte Kapelle, 1518 erstmals schriftlich als Königs-Kapelle erwähnt.

Vorbei an zahlreichen weiteren Felsen leitet der Rotstrich-Pfad zu den aussichtsreichen Hohneklippen, deren erste die Höllenklippe ist. An der Grenzklippe vorbei geht es zur Leistenklippe **04**, die auf einer Leiter ersteigbar ist und eine exzellente Rundschau gewährt. An der Verzweigung an der Leistenklippe folgen wir dem „Beerenstieg" (Rotpunkt) steil abwärts, unten an der Nationalparkgrenze auf dem Oberen Hohneweg kurz links und dann rechts hinab zum Ottofelsen **05** 🅾, einem der bekanntesten Kletterfelsen des Steinharzes. Auch er ist auf Eisenleitern ersteigbar und bietet ein weites Panorama.

Von hier führt die Rotpunkt-Markierung bequem zurück zum Gasthaus Steinerne Renne **02**. Weiter geht es auf der bequemen Bielsteinchaussee: Sie führt im Hang zurück zum Ausgangspunkt in Hasserode.

Morgenstund' über den Wipfeln.

Dein Moment für die Ewigkeit

Den Betrachter ins Bild ziehen

Mit den eigenen Beinen und den Wanderschuhen bekommt man als Betrachter den Eindruck, selbst auf der Klippe zu sitzen. Weitere Möglichkeiten für diesen Effekt sind die Hände ins Spiel zu bringen. Mit einer Wanderkarte oder einem Trinkbecher in der Hand verstärkst du das Outdoor-Feeling noch weiter.

21 Die bunte Stadt am Harz

So wurde Wernigerode im „Nordosten des Mittelgebirges" von Hermann Löns genannt. Rund um das neugotische Schloss, das über der Stadt thront, gibt es zahlreiche Sehenswürdigkeiten zu entdecken — am besten per pedes.

Bilder von: Anna Brockmöller
@annas_bucketlist

Wernigerode Altstadt – Schloss – Lustgarten

Tourencharakter
Leichte Stadt- und Parkwanderung.

Start: Sylvestrikirche (245 m) am Oberpfarrhof in der Altstadt von Wernigerode, Parkplätze und Parkhäuser sind ausgeschildert.

Schwierigkeit: **leicht** - mittel - schwer
Dauer: **1:10 h**
Länge: **3,7 km**
Aufstieg **220 hm**
Abstieg **220 hm**

Höhenlinienmodell mit Streckenverlauf

Höhenprofil

Eine Stadt zum Gernhaben!

Am Fuße des Brocken gelegen begann ungefähr im Jahre 900 die Geschichte der Stadt Wernigerode.

www.wernigerode.de

Von der Fachwerk-Altstadt von Wernigerode geht es hinauf zum Schloss Wernigerode, einer als Museum zugänglichen Höhenburg mit Blick auf den Nordharz. Einen weiteren Glanzpunkt setzt der Lustgarten, eine Parkanlage mit Blick zurück zum Schloss und über Wernigerode hinweg ins Harzvorland.

Wernigerode wartet mit einem restaurierten Altstadtkern im Holtemmetal rund um den Marktplatz und das historische Rathaus auf. Überragt werden die Fachwerkhäuser der Altstadt vom neugotischen Schloss mit dem Museum für Kunst- und Kulturgeschichte des 19. Jahrhunderts. Zum Schloss gehören die Parkanlagen Lustgarten, Tiergarten und Terrassengärten, im Herbst verwandelt sich der Innenhof an-

lässlich der Wernigeröder Schlossfestspiele in eine Konzert- und Opernbühne. Südlich von Marktplatz und Harzmuseum steht am Oberpfarrkirchhof die im Kern romanische Sylvestrikirche **01**, auf deren Ostseite der Teichdamm verläuft und schräg links zur Marktstraße führt. Den Altstadtbereich am Marktplatz heben wir uns für den Schluss der Tour auf, zunächst folgen wir der Marktstraße rechts und zweigen die erste links (Oberengengasse) zur Liebfrauenkirche ab, deren neugotischer Turm bestiegen werden kann. Oberhalb der Kirche folgt der Europäische Fernwanderweg 11 der Burgstraße kurz rechts, passiert die restaurierte Stadtmauer an der B 244 und wendet sich dann links. Gleich darauf beginnt der aussichtsreiche Schlossaufstieg, der am Forellenbrunnen auf den Blumeweg trifft. Der Blumeweg führt rechts weiter, zuletzt geht es links hinauf zum Schloss Wernigerode **02** 📷.

Vom Schloss zeigt die Beschilderung weiter zum Lustgarten **03**. Der Lustgarten auf einer nach Norden vorgeschobenen Terrasse unterhalb des Schlosses wurde im 16. Jahrhundert angelegt, um 1800 zum englischen Park umgestaltet und für die Landesgartenschau 2006 grundlegend saniert. Am Palmenhaus, der einstigen Orangerie, verlassen wir die Parkanlage rechts (Lindenallee), gleich links (Walther-Rathenau-Straße), gleich wieder

rechts (Grubestraße), erneut gleich links und dann rechts durch die Große Schenkstraße zur Breiten Straße, die zwischen Gastrobetrieben und Geschäften links zum Marktplatz mit dem Rathaus in der Altstadt von Wernigerode führt. Den Marktplatz verlässt neben dem Rathaus die Klintgasse, an der das Harzmuseum steht. Das Museum am Klint 10 dokumentiert Fachwerkbau, Handwerk, Mineralien, Gesteine und Bergbau und präsentiert Gemälde und Grafiken von Harzmalern.Gleich darauf ist der Ausgangspunkt am Oberpfarrhof an der Sylvestrikirche **01** wieder erreicht.

Ein Schmuckstück mittelalterlicher Baukunst ist das Wernigeröder Rathaus.

Dein Moment für die Ewigkeit

Eingerahmt

Framing kann dir helfen dein Bild interessanter zu machen und gleichzeitig störende Bildelemente zu kaschieren. Hier sieht man die Burg komplett eingerahmt im Fokus, wie durch ein Fernglas.

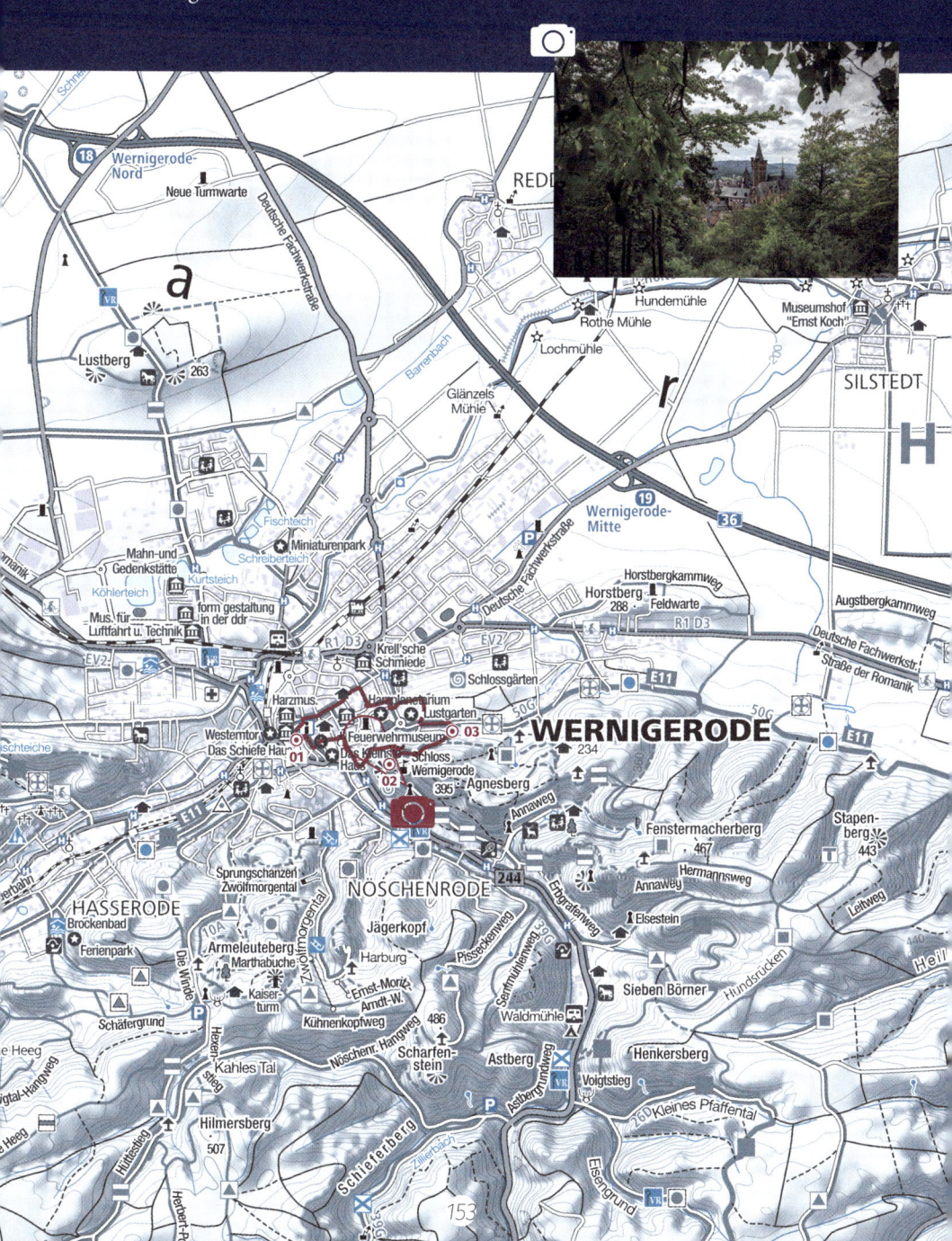

22 Bahn oder Bergweg?

Der Glashüttenweg ist eine noch recht naturnahe Aufstiegsroute auf den Brocken – ebenso
wie der obere Königsberger Weg. Dazwischen
schnauft die Brockenbahn zum Gipfel empor
– manche schätzen die (historische) Technik
dann doch für den Auf- oder den Abstieg...

Bilder von: Jessica Cramme @butzica

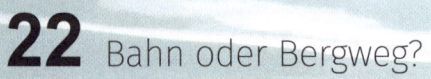

Brocken über Glashüttenweg

Tourencharakter
Bequeme Aufstiegsroute, meist im Wald, aber immer wieder mit schönen Aussichtsstellen.

Start und Ziel
Parkplatz Drei Annen Hohne (543 m) im gleichnamigen Ortsteil der Stadt Wernigerode an der Landstraße Wernigerode – Schierke, von der hier die Straße nach Elbingerode abzweigt. Bahn/Bus: Harzquerbahn Wernigerode – Nordhausen und Brockenbahn Drei Annen Hohne – Brocken. Bus Wernigerode – Schierke.

Schwierigkeit: leicht - **mittel** - schwer
Dauer: **6:00 h**
Länge: **22,0 km**
Aufstieg **599 hm**
Abstieg **522 hm**

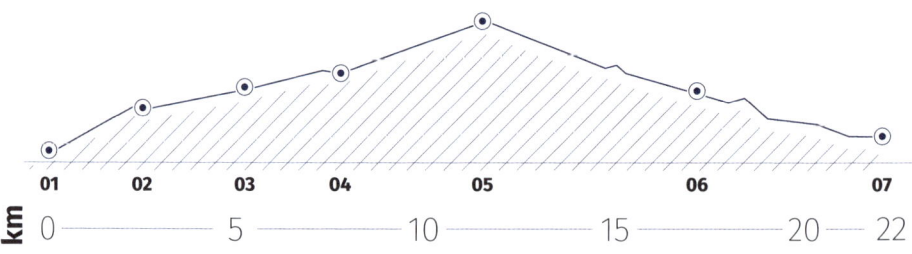

05 Brocken

04 Brockenbett

06 Oberer Königsberger
Weg

03 Ahrensklint
02 Trudenstein

01 Drei
Ahnen Hohne

07 Schierke

Höhenlinienmodell mit Streckenverlauf

Höhenprofil

01   02   03   04   05   06   07

km 0   5   10   15   20   22

Auf soliden Stegen durchs Moor.

Heller wird es schon im Osten
Durch der Sonne kleines Glimmen,
Weit und breit die Bergesgipfel
In dem Nebelmeere schwimmen.

Heinrich Heine (1797–1856): „Auf dem Brocken"

Der überwiegend durch Wald führende Glashüttenweg – ihm folgt auch der Hexenstieg – bildet einen landschaftlich hervorragenden Zustieg zum höchsten Berg des Harzes. Es besteht die Möglichkeit, mit der Brockenbahn zurück zum Ausgangspunkt zu fahren, während wir nach Schierke absteigen und von dort mit dem Bus zurückfahren (Buszeiten am Startpunkt notieren!).

▶ Ausgangspunkt ist der Parkplatz an der Einmündung der von Elbingerode nach

Fast schon skandinavisch...

Drei Annen Hohne **01** führenden „Brockenstraße" in die Landstraße von Wernigerode nach Schierke. In Drei Annen Hohne zweigt von der Harzquerbahn die Brockenbahn ab, daher kann es vorkommen, dass gleich drei Züge im kleinen Bahnhof stehen. Vom Parkplatz geht es nach dem Queren der Bahngleise und der Landstraße geradeaus aufwärts auf dem namentlich ausgeschilderten Hexenstieg Richtung Brocken.

Er folgt der alleeartigen Eschwegestraße zu den Hohnewiesen, zweigt hier links ab in den Nationalpark, überquert den Wormkegraben, einen Wassersammelgraben, und erreicht den auf Leitern ersteigbaren Trudenstein **02** (Sitzbänke), mit weitem Blick

Dein Moment für die Ewigkeit

Übung macht das...

...Bild perfekt. Auf Wanderungen kann Zeitdruck herrschen fürs perfekte Bild. Die Sonne geht nur einmal am Tag unter. Verpasst du es genau in dem Moment alle Einstellungen richtig gemacht zu haben, ist auch dein Wunschbild weg. Deine Kamera und dein Equipment spielerisch zu beherrschen hilft dir, wenn es dann darauf ankommt.

Wuzelige Pfade..

auf Ost- und Südharz. Begleitet vom Plätschern der Wormke führt der Glashüttenweg im Wald zur Schutzhütte am Rastplatz Spinne, wechselt auf einen wurzeligen Weg im Nordhang des Erdbeerkopfs (während der Hexenstieg durch den Südhang führt), hier kann man noch einen kleinen Abstecher nach rechts auf den Moorstieg wagen 📷.

Wieder zurück erreicht man als nächsten Aussichtsfelsen den auf Leitern ersteigbaren Ahrensklint **03**, mit weitem Panorama vom Wurmberg bis zur Achtermannshöhe, zum Brocken und den Hohneklippen im Steinharz. Weiter geht es in blockreichem Fichtenwald zum Rastplatz am Brockenbett **04**, wo im Quellgebiet der Ilse der Glashüttenweg auf die für den öffentlichen Verkehr gesperrte Brockenstraße mündet. Letztere weist im Hang der Heinrichshöhe die Route zum Brocken **05**.

Zum Abstieg nach Schierke kehren wir auf der Brockenstraße zurück zur Abzweigung des Neuen Goethewegs und folgen diesem aussichtsreich längs der Trasse der Brockenbahn rechts hinab. Kurz nachdem der Goetheweg die Bahntrasse verlassen hat, will er rechts zum Eckersprung abzweigen; hier biegen wir links auf den Oberen Königsberger Weg **06** ab und wandern in den Hangwäldern des Königsbergs über dem Tal der Kalten Bode (Wurmbergblick) hinab nach Schierke **07**. Zuletzt mündet unser Hangweg auf die Brockenstraße, und dieser folgen wir geradeaus zur Bushaltestelle in Schierke.

23 Königliche Kaskade

Anno 1312 wurde die Königsburg erstmals in einer Urkunde erwähnt. Von ihr hat die kleine Siedlung Königshütte an ihrem Fuß wohl den Namen. Königlich fühlt man sich auch am Wasserfall nördlich des Ortes, der allerdings erst 1994 durch einen Steinbruch entstand.

Bilder von: **Jessica Cramme @butzica**

Königshütte – Trautenstein – Tanne

Tourencharakter
Leichte Tal-, Wald-, Wiesen- und Aussichtswanderung.

Start und Ziel
Bushaltestelle Gemeinde Königshütte (425 m) am Ortsausgang in Richtung Tanne. Anfahrt B 27 Braunlage – Blankenburg. Buslinie Elbingerode – Wernigerode, Bus fährt weiter nach Tanne, Sorge und Benneckenstein.

01 Königshütte

Schwierigkeit: **leicht** - mittel - schwer
Dauer: **5:30 h**
Länge: **23,4 km**
Aufstieg **390 hm**
Abstieg **390 hm**

02 Kreuzung

04 Tanne

03 Trauten-stein

Höhenlinienmodell mit Streckenverlauf

Höhenprofil

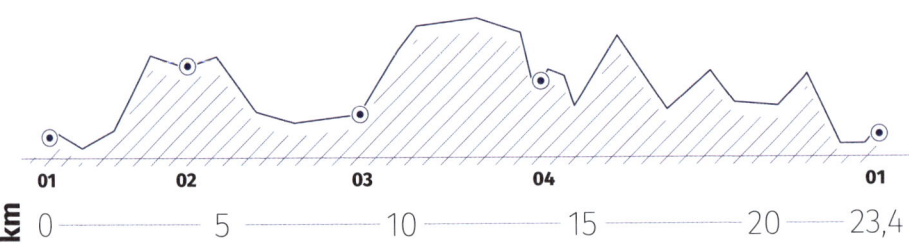

Herbst im Harz.

Der Raureif legt sich vor mein Fenster, kandiert die letzten
Blätter weiß.
Der Wind von Norden jagt Gespenster aus Nebelschwaden
übers Eis...

Reinhard Mey

Von Königshütte folgt diese bequeme Talwanderung einem Naturlehrpfad längs der Warmen Bode aufwärts in den Erholungsort Tanne. Von dort kann man mit dem Bus zurückfahren bzw. durch die Wälder und aussichtsreichen Wiesen links über dem Bodetal nach Königshütte zurückwandern.

▶ Von der Bushaltestelle in Königshütte **01** folgen wir der Promenade kurz parallel zur Straße Richtung Tanne und passieren den von Auenwäldern dem Blick entzogenen Zusammenfluss von Kalter und Warmer Bode (bei Rastbänken Infotafel zur Überleitungssperre). Gleich darauf zweigen wir bei den Wanderwegweisern links ab (geradeaus befindet sich ein Parkplatz), überqueren die von Auenwäldern gesäumte Warme Bode auf einer Stegbrücke und erreichen am Fuß des steilen Burgbergs eine Verzweigung **02**. Während man links zur Überleitungssperre Königshütte (Stausee) gelangt, zweigt rechts der Naturlehrpfad nach Tanne ab. Geradeaus sehen wir einen ziemlich schmalen, mit einem Geländer gesicherten Steig. Auf diesem sollte man bei klarer Sicht den kurzen Abstecher hinauf zu den aussichtsreichen Ruinen der Königsburg unternehmen (Lehrtafeln des Wegs Deutscher Könige und Kaiser im Mittelalter).

Ein Lichtblick zwischen langen Stangen ...

Nach diesem Abstecher führen der Naturlehrpfad und der Hexenstieg in kaum merklichem Anstieg aufwärts im Tal der Warmen Bode, zusätzlich begleitet vom Zeichen „blau-x". Nach Queren der Forststraße Die Lange verabschiedet sich der Hexenstieg links, während das Zeichen blau-x in den Wäldern hinüber in das Tal der Rappbode führt, die hier zur Rappbodevorsperre gestaut ist. Längs der Uferpromenade finden sich schöne Plätze für eine Rast.

Im Kurort Trautenstein **03**, dessen Wahrzeichen der namensgebende Druidenstein – ein gewaltiges Felsriff neben der Kirche – ist, verlässt der Wanderweg blau-x das Tal der Rappbode und führt in den Wäldern zurück ins Tal der Warmen Bode nach Tanne **04**. Dort wandern wir nach Überqueren der Straße aussichtsreich halb rechts hinauf durch die Wiesen. Bald nach Eintritt in den Wald senkt sich der Weg in das Große Allerbachtal hinab. Hier geht es wenige Minuten aufwärts und dann mit der „Grünpunkt"-Markierung (zusätzlich „gelbes Dreieck") rechts hinauf durch die Wälder in das Spielbachtal.

Auf dem Forstweg neben dem forellenreichen Zufluss der Warmen Bode führt die „Grünpunkt"-Markierung kurz aufwärts und wechselt an einer Raststelle rechts hinauf in den Wolfsgrund. Wo sich der Weg weiter oben im Wald verzweigt, wandern wir aussichtsreich rechts hinab zum Ausgangspunkt. Von dort kann man vor dem Heimfahren noch die Straße überqueren und den Königshütter Wasserfall 📷 besuchen.

Im Lauf

Um bei Wasserfällen und Flussläufen einen schönen Schleiereffekt zu erzielen, sollte man die Belichtungszeit erhöhen. Hier wurde die Belichtungszeit mit 1/250 gewählt. So entsteht kein ausgeprägter Langzeiteffekt, vielmehr sieht man noch leicht verwischt einzelne Wassertropfen.

24 Luftiges Lustwandeln

Spannende Tiefblicke wie diesen genießt man im Bodetal auch abseits der längsten Hängebrücke Deutschlands, die über die Rappbodesperre gespannt wurde.

Bilder von: Jessica Cramme @butzica

Rappbodetalsperre – Wendefurth – Neuwerk

Tourencharakter
Leichte Waldwanderung auf passagenweise steilen Wegen, die Begehung der Hängebrücke erfordert absolute Schwindelfreiheit und ist zudem gebühren-pflichtig.

Start und Ziel
Harzer Urania Infopoint (435 m), gebührenpflichtiger Parkplatz an der Rapp-bodetalsperre an der Landstraße von Rübeland (an der Bundesstraße B 27) bei Elbingerode zur B 81.

Schwierigkeit: **leicht** - mittel - schwer
Dauer: **3:00 h**
Länge: **10,8 km**
Aufstieg **150 hm**
Abstieg **150 hm**

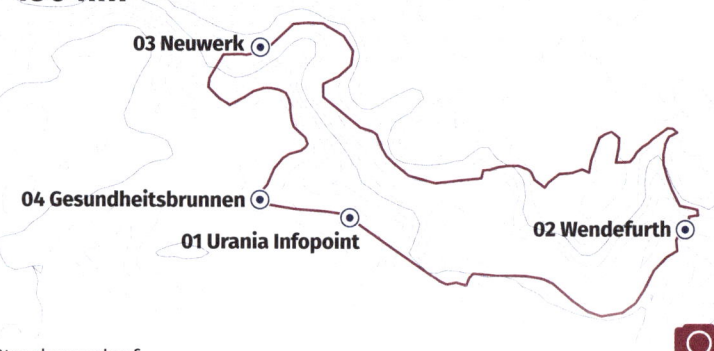

Höhenlinienmodell mit Streckenverlauf

Höhenprofil

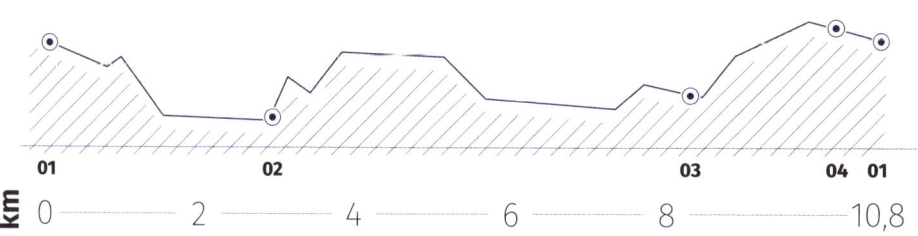

Birken säumen immer wieder den Weg.

Gebaut wurde die Talsperre in den 1950er Jahren.
Seit 1959 gehört sie zu einem komplexen
wasserwirtschaftlichen System.

www.ndr.de

Die kostenpflichtige Überquerung der längsten Hängebrücke Deutschlands in schwindelerregenden 106 m über dem Bodetal verbindet diese Runde mit dem Hexenstieg durch das tief eingeschnittene Tal.

🔲 Vom Parkplatz am Harzer Urania Infopoint **01** führt der Uraniaweg zum Startpunkt der 1000 m langen Megazipline. Mit Europas längster Doppelseilrutsche lässt sich die Wanderung durch einen Sturzflug zur Talsperre Wendefurth in der Bode abkürzen. Verlängern lässt sich die Wanderung durch einen 75-m-Pendelsprung mit dem Gigaswing. Die Springer werden in eine unter der Hängebrücke befestigte Kabine verbracht, gesichert und schnellen nach dem Sprung wieder hinauf zur vergitterten Kabine. Beim gebührenpflichtigen Gang über die Hängebrücke Titan RT, die mit 483 m längste Fußgänger-Hängebrücke in Deutschland, fällt der Blick aus der Vogelperspektive zur Mündung der Rappbode in die Bode, die unterhalb der Mundung zur Talsperre Wendefurth aufgestaut ist. Nach dem Ausstieg aus der Hängebrücke führt ein Weg durch die Talflanke hinab zum Pumpspeicherwerk Wendefurth, wo sich auch der Ausstieg der Megazipline befindet. Von dort führt ein Werksweg zum Freizeitbereich an der Talsperre Wendefurth **02** mit Bootsverleih, Staumauerwalking, Restaurants und Hotels am Fernwanderweg Hexenstieg. Der mit dem Zeichen einer auf einem Besen reitenden Hexe markierte Hexenstieg wechselt oberhalb der Talsperre in den Hang des Wendefurther Bergs und führt talaufwärts mit Blick auf Titan RT, Megazipline und Gigaswing sowie die dahinter aufragende Rappbodetalsperre.

Die erste Schlinge des Bodetals entzieht diese modernen Fun-Geräte dem Blick, und wie vor 1000 Jahren geht es im Rauschen der Bode und der Bäume talaufwärts. Im ersten Dorf, Neuwerk **03**, überspannt die Brücke der 1887 eröffneten Industriebahn die Bode. Nach Überqueren des Viadukts, das von Kraftfahrzeugen nicht befahren werden darf, zweigt an der Busendhaltestelle Neuwerk Hamburg der mit einem blauen Rechteck markierte Wanderweg zum Gesundheitsbrunnen **04** ab, einer in Stein gefassten Quelle im Hang des Harmsbergs, Sitzbänke laden zur Rast ein. In den Wäldern des Harmsbergs schlängelt sich der Wanderweg zurück zum Ausgangspunkt an der Rappbodetalsperre **01**. Wer nicht direkt über die Hängebrücke Titan laufen will, kann sich trotzdem von dem Ausblick Schöneburg aus einen Überblick verschaffen **◯**.

Wandern auf urtümlichen Pfaden.

Dein Moment für die Ewigkeit

Die Vogelperspektive

Manchmal liegen Motive auf deiner Route, die sich aus einer erhöhten Perspektive und mehr Distanz besser machen würden. Hält der vermeintlich perfekte Standpunkt doch nicht die Erwartungen, probiere einen anderen. Es zahlt sich aus kleine Umwege in Kauf zu nehmen oder wieder an einen Standort zurückzugehen für ein Foto, das du dann für immer hast.

25 Auf Sand gebaut

Nordöstlich der Felsenburg auf dem Regenstein bei Blankenburg verbergen sich – etwas abseits der hier beschriebenen Route – seltsame, von Menschen geschaffene Höhlen im hellen Sandstein. Ein Wanderziel fürs Wiederkommen!

Bilder von: Jessica Cramme @butzica

Kloster Michaelstein – Regenstein

Tourencharakter
Leichte Tal-, Wald-, Wiesen- und Aussichtswanderung; für die Besichtigung der Felsenburg Regenstein ist Eintritt zu bezahlen.

Start und Ziel
Kloster Michaelstein (250 m) bei Blankenburg. Von der B 6 Wernigerode – Blankenburg abzweigen nach Kloster Michaelstein („Straße der Romanik"). Bahn/Bus: Stadtbus Blankenburg.

Schwierigkeit: **leicht** - mittel - schwer
Dauer: **3:00 h**
Länge: **12 km**
Aufstieg **164 hm**
Abstieg **164 hm**

02 Birkenthalmühle

03 Regenstein

01 Kloster Michaelstein

Höhenlinienmodell mit Streckenverlauf

Höhenprofil

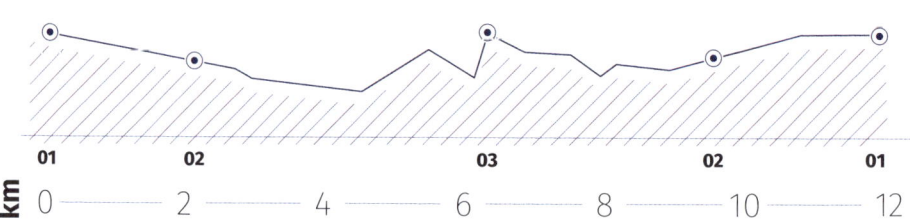

| 01 | 02 | 03 | 02 | 01 |

km 0 — 2 — 4 — 6 — 8 — 10 — 12

Mit Kloster Michaelstein, der Regensteinmühle und der Felsenburg Regenstein verbindet diese Wanderung drei herausragende Kulturdenkmäler bei Blankenburg am Harznordrand.

▶ Ausgangspunkt der Tour ist das Kloster Michaelstein **01**. Den Zisterziensermönchen gelang eine beispielhafte Urbarmachung des Landes und die Nutzung des Wassers, wovon über 20 Fischteiche im Klostergrund oberhalb des Klosters zeugen. Die Wasser aus dem Klostergrund, dem Silberborntal und dem Drecktal (Trecktal) lieferten die Antriebsenergie für acht Mühlen (sechs davon wurden im Mittelalter erbaut), die Getreide mahlten, Ölfrüchte stampften oder der Papierherstellung dienten. An der

Vor gut 870 Jahren ließen sich in einem Tal abseits Blankenburgs Zisterziensermönche nieder. Aus einem anfänglich beschwerlichen Leben entwickelte sich eine wirtschaftlich erfolgreiche Abtei.

www.kloster-michaelstein.de

Sonnenstrahlen verzaubern die Kiefernstämme.

Wasserkraftnutzung am Goldbach anno dazumal.

Zufahrt zum Kloster, vor der Mauer des Klostergartens und vor dem Eingang des (Forellen-)Restaurants (mit Angelteichen), befindet sich eine Übersichtskarte des Mühlenwanderwegs, dessen Informationstafeln uns bis hin zum Regenstein begleiten wer-

den. Der Mühlenwanderweg verlässt die Klosterzufahrt und folgt dem von Büschen und Bäumen gesäumten Bach talabwärts.

Nach Queren der Straße geht es an Teichen vorbei zur Mönchemühle am Mönche-

Dein Moment für die Ewigkeit

Zeige Größe

Durch die Distanz wirken Höhlenwand und -eingang kleiner als du sie vor Ort siehst? Ist das der Fall, fehlt es oft an einem Größenvergleich oder an der richtigen Perspektive. Die Personen im Vordergrund lassen die Felsfwände markant in die Höhe wachsen.

mühlenteich (Imbisskiosk), weiter zur Bikentalmühle **02** (Gaststätte) und, dem Tal des Goldbachs folgend, nach Queren der B6 zur Goldbacher Mühle, wo das Gasthaus Pfeifenkrug zur Einkehr lädt. Nun taucht der Mühlenwanderweg in die Wälder des Regensteins ein und erreicht die rekonstruierte Regensteinmühle, eine in die Felsen hineingebaute Mühle aus dem 12. Jh. Von hier führen namentliche Ausschilderungen (es gibt zahlreiche Wegvarianten, alle sind in etwa gleich kurz) durch schöne Eichen-Buchen-Wälder hinauf zur Felsenburg Regenstein **03** (Eintritt), die einen erstklassigen Ausblick auf das nördliche Harzvorland und bis zum

Brocken bietet. Von der Felsenburg ist es ein Katzensprung zu den Sandhöhlen . Von dort kehren wir zurück zur Regensteinmühle und folgen dem Mühlgraben zum Parkplatz an der B6. Nach Queren der Bundesstraße führt die Markierung „gelb-x" zurück in das Birkental und in sachtem Anstieg Richtung Mönchetal. Man kann nun dem Mühlenwanderweg zurück zum Kloster **01** folgen. Die Alternative besteht darin, der Gelbkreuz-Markierung durch das Teufelsbachtal zu folgen. Sobald wir dort (an einem Parkplatz an der Straße) den Markierungen „x" und „Hexe auf Fahrrad" begegnen, folgen wir ihnen links zurück zum Kloster Michaelstein **01**.

Durch luftigen Kiefernwald.

26 Des Teufels Großeltern

Wie ein Drachenkamm erscheint das Hamburger Wappen, die bizarr verwitterte Sandstein-Schichtrippe zwischen Blankenburg und der Kuxburg. Nicht weit davon entfernt findet man auch ein felsiges Familientreffen mit einem steinernen Großvater samt Großmutter.

Bilder von: Janis Wieczorek
@ janiswieczorek

Blankenburger Teufelsmauer

Tourencharakter
Aussichtsreiche Wald- und Felswanderung auf teilweise gesichertem Steig, der Trittsicherheit und Schwindelfreiheit erfordert.

Start und Ziel
Hotel-Restaurant Helsunger Krug (150 m) östlich der Stadt Blankenburg. Anfahrt B 6, Ausfahrt Blankenburg-Ost. Bahn/Bus: Wer mit öffentlichen Verkehrsmitteln anreist, steigt von Blankenburg aus in die Wanderung ein; Bahnhof Blankenburg (Harz) an der Strecke Halberstadt – Blankenburg.

Schwierigkeit: leicht - **mittel** - schwer
Dauer: **3:00 h**
Länge: **8,7 km**
Aufstieg **181 hm**
Abstieg **181 hm**

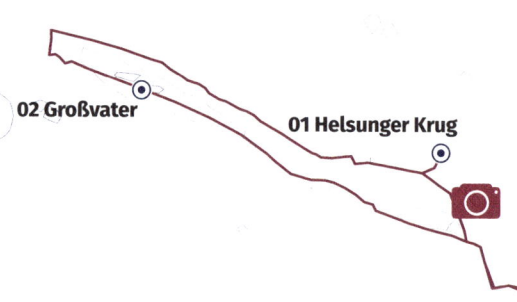

Höhenlinienmodell mit Streckenverlauf

Höhenprofil

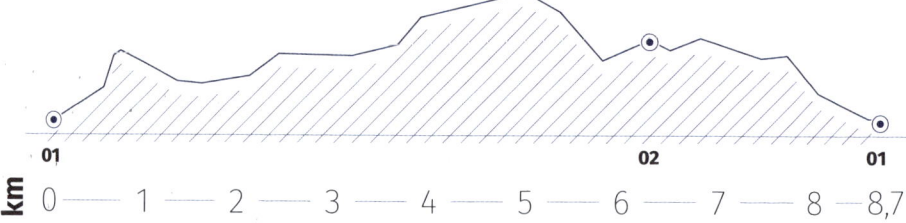

Felsformationen an der Teufelsmauer.

Über die Entstehung der Teufelsmauer gibt es viele verschiedene Sagen und noch mehr Variationen derselben. Sie stimmen alle in dem Punkt überein, dass sie im weitesten Sinne eine Grenzmarkierung des Herrschaftsgebietes des Teufels darstellen soll.

www.harzlife.de

Ausgangspunkt der Wanderung ist das Hotel-Restaurant Helsunger Krug **01** am Nordfuß der Teufelsmauer, nahe des Dorfs Timmenrode. Vom Parkplatz führt ein Weg auf den Wald zu und überquert die ehemalige Bahntrasse; früher befand sich hier der Bahnhof Helsunger Krug.

Im Jahr 1994 wurden hier die letzten Museumszugfahrten veranstaltet, heute ist das ursprünglich bis Thale führende, inzwischen bis Timmenrode zurückgebaute Gleis weitgehend zugewachsen.

Der Wanderweg führt zum Wald hinauf, an der Gabelung geht es links weiter zum Ost-

ende der Blankenburger Teufelsmauer, wo mit der Felsformation Hamburger Wappen einer der spektakulärsten Punkte wartet. Die Kuxburg, eine kleine mittelalterliche Wehranlage, beherrschte das Ostende der Blankenburger Teufelsmauer, hier soll sich bereits zur Zeit König Heinrichs im 10. Jh. ein königliches Jagdhaus befunden haben.

Vom Hamburger Wappen führt ein Pfad Richtung Blankenburg westwärts über den Kamm. Schon bald verwandelt sich der Waldpfad in einen Felssteig, der nicht an allen ausgesetzten Stellen geländergesichert ist und Trittsicherheit erfordert. An ein rasches Vorwärtskommen ist auf diesem

Die Teufelsmauer von Weddersleben.

im Jahr 1853 angelegten Felssteig nicht zu denken, so großartig ist die Umgebung und so häufig sind die Punkte zum Rasten und Schauen. Unter den zahlreichen Einzelfelsen ist der zuletzt erreichte Großvater **02** der höchste.

In den Fels gehauene Trittstufen und Griffhaken führen wie eine Wendeltreppe auf den schmalen Gipfel dieses Felsturms, der eine erstklassige Aussicht auf Blankenburg und die Berge des Hochharzes gewährt.

Am (West-)Fuß des Großvaters in der Einsattelung vor der Großmutter befindet sich eine Pfadverzweigung. Geradeaus (links an der Großmutter vorbei) gelangt man in die sehenswerte Altstadt von Blankenburg (Abstieg von der Teufelsmauer auf einer Stufenanlage, unten an der Straße links und die erste rechts), links befindet sich eine Gaststätte, rechts zweigt unser Rückweg in den Nordhang ab. Geruhsam führt er in Eichen-Buchen-Wäldern zurück zum Hotel-Restaurant Helsunger Krug **01**.

Dein Moment für die Ewigkeit

Recherche ist dein Freund

Du bist unterwegs zur Blankenburger Teufelsmauer? Eine gute Entscheidung, denn damit wartet eine aussichtsreiche Tour auf dich. Mach dich aber ruhig vorher über die nähere Umgebung schlau. So findest du zum Beispiel nur einen Katzensprung entfernt ein weiteres Motiv-Highlight: Die namensverwandte Teufelsmauer in Weddersleben.

27 10 Kilometer taleinwärts

Das Bodetal bei Thale gilt als die größte und tiefste Felsschlucht des Harzes. Das Flüsschen, das am Brocken entspringt, hat sich auf eindrucksvolle Weise in das bis zu 400 Millionen Jahre alte Granit- und Grauwackengestein eingeschnitten.

Bilder von: Janis Wieczorek
@janiswieczorek

Bodetal – Treseburg

Tourencharakter
Talwanderung auf teils steilen und schmalen Pfaden.

Start und Ziel
Zentraler Wandertreff Thale (180 m) gegenüber vom Bahnhof an der Bahnhof-
straße. Anfahrt B 81 Halberstadt – Nordhausen. Bahn/Bus: Busse in alle größeren Orte. Abfahrtszeiten in Treseburg checken!

Schwierigkeit: leicht - **mittel** - schwer
Dauer: **3:30 h**
Länge: **19,2 km**
Aufstieg **223 hm**
Abstieg **223 hm**

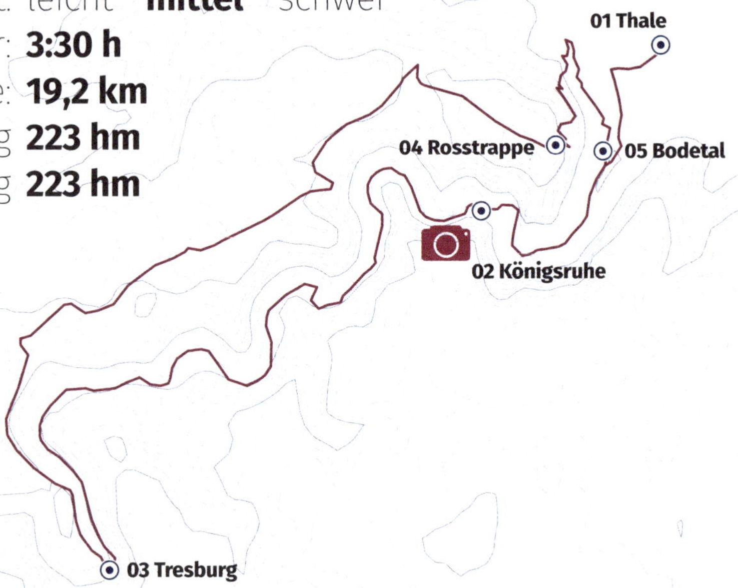

01 Thale

04 Rosstrappe   05 Bodetal

02 Königsruhe

03 Tresburg

Höhenlinienmodell mit Streckenverlauf

Höhenprofil

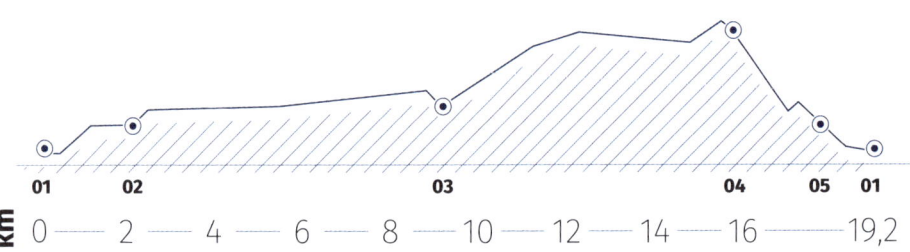

01   02   03   04   05   01
km 0 — 2 — 4 — 6 — 8 — 10 — 12 — 14 — 16 — 19,2

Ein wildes Felslabyrinth hoch über dem Tal.

Schaut in die Klüfte des Berges hinein,
Ruhig entwickelt sich Stein aus Gestein.

Johann Wolfgang von Goethe (1749–1832)

Die faszinierende Wanderung durch das Bodetal, eine der bedeutendsten deutschen Schluchten außerhalb der Alpen, verbinden wir mit dem Besuch des Rosstrappenfelsens, von dem der Europäische Fernwanderweg 11 zurück ins Bodetal führt.

▶ Vom zentralen Wandertreff an der Bahnhofstraße gegenüber vom Bahnhof beim Friedenspark in Thale **01** geht es wie bei Tour 28 bodeaufwärts zum autofreien Gasthaus Königsruhe **02**. Hier endet der promenadenartige Teil des Bodewanderwegs, der sich nun in einen teilweise gesicherten, steinigen Steig verwandelt.

Nach Passieren der Schurre-Einmündung (die Abstiegsroute) und Überqueren der Teufelsbrücke (Blick zum Rosstrappenmassiv) erreicht der Steig den Bodekessel (Strudellöcher, Wasserfall im 19. Jh. gesprengt) und schwingt sich in Serpentinen aufwärts durch den Bodekesselrücken. Oben bietet sich an einer Sitzbank ein großartiger Blick in das Schluchttal der Bode und zum Rosstrappenfelsen . Vom Kesselrücken führt der Steig im bewaldeten Steilhang wieder hinab und folgt der Bode hoch über dem Steilufer im Laubwald aufwärts zur Raststelle an der Mündung des Kästenbachs. Am oberen Ende des Bodetal-Naturschutzgebiets erreicht der Wanderweg das Bergdorf Treseburg **03** an der Mündung der Luppbode. Im kleinen Ferienort gibt es mehrere Einkehrmöglichkeiten, die Bushaltestelle befindet sich bei der Tourist-Information. Die Haltestelle wird von zwei Buslinien bedient; beide fahren über die Rosstrappe, eine fährt weiter nach Thale.

Mit dem Bus fahren wir zur Rosstrappe **04**, steigen am Parkplatz (Andenken-/Imbisskioske) aus, gehen am Hotel vorbei (toller Harzvorland-Ausblick von der Terrasse) und folgen der Markierung „x" des E 11 kurz abwärts; wo das „x" rechts abzweigt, gehen wir kurz geradeaus zum geländergesicherten Rosstrappenfelsen mit fantastischem Tiefblick ins Bodetal und hinüber zum Hexentanzplatz.

Von der Rosstrappe geht es zurück zum Berghotel Rosstrappe, vor dem der Abstieg ins Bodetal ausgeschildert ist. Der Präsidentenweg senkt sich im Wald durch den Hang, anfangs in Serpentinen und mit eindrucksvollen Tiefblicken, unterquert die Trasse des Sessellifts und vollzieht vor der ersten Straße eine Spitzkehre nach rechts. Bald nach erneutem Unterqueren des Sessellifts mündet er in den bekannten Weg im Bodetal **05**.

Dieser führt flussabwärts zurück zum Ausgangspunkt in Thale **01**.

Da und dort recken sich schroffe Türme empor.

Dein Moment für die Ewigkeit

Fernwirkung

Überleg dir was du zeigen willst und passe den Bildausschnitt danach an. Du hast die Möglichkeiten zwischen Panorama – Supertotale – Totale – Halbtotale – Halbnah – Nah – Großaufnahme – Detail zu wechseln. Es handelt sich hier um kein klassisches Panorama. Es wird nur ein Ausschnitt der Landschaft herausgenommen.

28 Legendäre Hexendisco

Gegenüber der Rosstrappe über dem Bodetal ragt die vielbesuchte, mit Seilbahn, Hotel, Theater und Museum erschlossene Felsbastion des Hexentanzplatzes auf. Die Damen, die dort der Sage nach ihre Kreise gedreht haben, kamen wohl nur mit Hilfe ihrer Besen hinauf.

Bilder von: Jessica Cramme @butzica

Thale – Hexentanzplatz

Tourencharakter
Bequeme Talwanderung längs der Bode, steile Serpentinen zum Hexentanz-platz.

Start und Ziel
Zentraler Wandertreff Thale (180 m) gegenüber vom Bahnhof an der Bahnhof-straße. Anfahrt B 81 Halberstadt – Nordhausen. Busse in alle größeren Orte der Umgebung.

Schwierigkeit: **leicht** - mittel - schwer
Dauer: **3:00 h**
Länge: **7,0 km**
Aufstieg **271 hm**
Abstieg **271 hm**

01 Thale

02 Königsruhe

03 Hexentanzplatz

Höhenlinienmodell mit Streckenverlauf

Höhenprofil

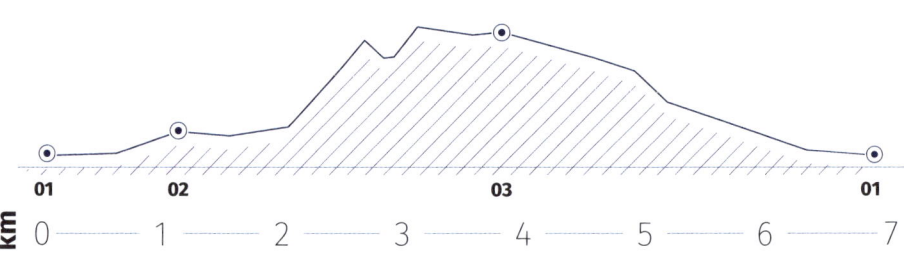

01   02   03   01

km
0   1   2   3   4   5   6   7

Verhext schön oder schön verhext?

Schön ist wüst, und wüst ist schön.
Wirbelt durch Nebel und Wolkenhöhn!

William Shakespeare (1564–1616), aus: Macbeth, 1. Akt, 1. Szene / Hexen

▶ Vom zentralen Wandertreff an der Bahnhofstraße gegenüber vom Bahnhof beim Friedenspark in Thale **01** geht es an der Herz-Jesu-Kirche vorbei Richtung „Schwebebahnen", nach Überqueren der Bode führt die autofreie Promenade unter alten Bäumen neben dem Fluss aufwärts. Nach Passieren der Talstation des Rosstrappen-Sessellifts fällt an der Talstation der Hexentanzplatz-Schwebebahn der Blick hinauf zur Schwebebahn-Bergstation, über der sich der Zuckerhut- und der Wachlerfelsen zeigen, während weiter unterhalb die Zacken der Kleinen Gewitterwand aufragen. Nach Unterqueren der Schwebebahn taucht der bequeme Weg schließlich in den Wald ein und folgt der über Blockwerk gischtenden Bode aufwärts. An der Katersteg-Brücke ist links der Abstecher zur Gaststätte „Kleiner Waldkater" möglich. Rechts des Wegs erinnert eine Tafel neben einer Quelle an die verschlossene Schallhöhle, einen um 1760 in den Felsen hineingehauenen Gang, der wie ein Schallverstärker wirkte; „zur Belustigung" von Touristen wurden darin Böllerschüsse abgegeben.

Rechts türmen sich Blockhalden, links rauscht die Bode, alles überdacht von wunderbarem Wald. Der Weg führt neben der über Granitblockwerk rauschenden Bode weiter aufwärts zu den steil aufragenden Granitwänden des sagenumwobenen Siebenbrüderfelsens. 1948 wurde er zur Er-

Über die Jungfernbrücke

innerung an die Bodetal-Wanderungen des Dichters in Goethefelsen umbenannt. Auf einer großen Granitplatte im Bodebett – dem Goethestein – soll Goethe 1784 die Verwitterungsspalten im Granit studiert haben. Im Kronensumpf (Kreetpfuhl) beim Goethefelsen bewacht der Sage nach der in einen Hund verwandelte Wüstling Bodo die Krone, die die Riesin Brunhilde beim Sprung vom Rosstrappenfelsen zum Hexentanzplatz verlor.

Bald darauf erreicht der Weg an der Jungfernbrücke am Fuß des Rosstrappenfelsens und an der Ausmündung des Hirschgrunds das Gasthaus Königsruhe **02**. Von der Terrasse Blick zum Goethefelsen und zum Hexentanzplatz. Nach Überqueren der Jungfernbrücke beginnt der romantische Serpentinensteig, der durch den bewaldeten Steilhang zur La-Vières-Höhe hinaufführt, einem Aussichtsfelsen hoch über dem Bodetal. Dort führt die Markierung „Rotpunkt" am Heimattierpark vorbei zum Erlebnisbereich Hexentanzplatz **03** ◻ , einem der meistbesuchten Touristikplätze des Harzes.

Die felsige Abbruchkante des Granitplateaus hoch über dem Bodetal bietet einen faszinierenden Tiefblick in das Bodetal, gegenüber sind der Rosstrappenfelsen und in der Ferne der Brocken zu sehen.

Vom Hexentanzplatz leitet die Rotpunkt-Markierung an der Bergstation der Personenschwebebahn und dem Harzer Bergtheater vorbei, dann erfolgt auf dem serpentinenreichen Sachsenwallweg der steile Abstieg zurück nach Thale **01**.

Dein Moment für die Ewigkeit

Das goldene Leuchten

Im Oktober stößt man hier am Hexentanzplatz auf ein goldenes Spektakel. Diese Farbenpracht bietet sich perfekt für herbstliche Aufnahmen an. Neben Buche, die sich gerne rostrot färbt findet sich hier vor allem Ahorn in hellem Gelb, dazwischen bleiben dunkle Kontrastpunkte durch die dunklen Nadelbäume.

29 Burgen und Brunnen

Den Zwischenetappenort der hier empfohlenen Rundwanderung hat Friedrich der Große (1712–1786) an einer
Quelle gegründet. Die Burgfundamente über dem Startpunkt in Stecklenberg sind wesentlich älter; die Natur hat
sie schon wieder zurückerobert.

Bilder von: **Sebastian Wilczewski**
@justsebbo

Stecklenberg – Friedrichsbrunn

Tourencharakter
Waldwanderung auf meist bequemen Wegen, teilweise steil.

Start und Ziel
Am Kirchplatz in Stecklenberg (180 m), östlich von Thale. Anfahrt auf der B 6 Wernigerode – Quedlinburg, in Quedlinburg abbiegen Richtung Thale, später Richtung Neinstedt und weiter nach Stecklenberg. Busverbindung mit allen größeren Orten der Umgebung.

Schwierigkeit: leicht – **mittel** – schwer
Dauer: **6:00 h**
Länge: **18,5 km**
Aufstieg **510 hm**
Abstieg **510 hm**

04 Georgen-höhe
01 Stecklenberg
02 Lauenburg
03 Friedrichsbrunn

Höhenlinienmodell mit Streckenverlauf

Höhenprofil

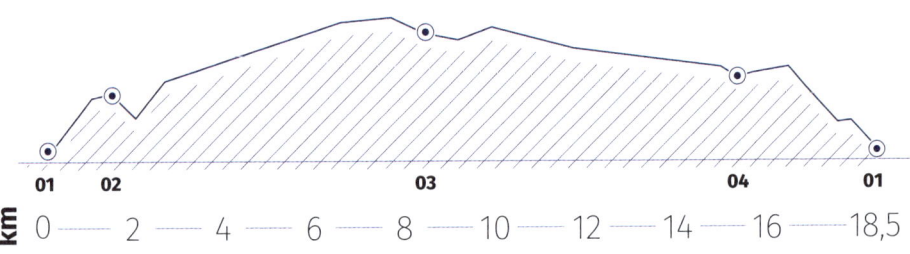

01   02   03   04   01

km   0 — 2 — 4 — 6 — 8 — 10 — 12 — 14 — 16 —18,5

Die Mauerfundamente der Stecklenburg.

Wie oft sind es erst die Ruinen, die den Blick freigeben auf den Himmel.

Viktor Frankl (1905–1997), österreichischer Neurologe, Psychiater und Psychoanalytiker

Von Stecklenberg in klimatisch geschützter Lage in artenreicher Laubwaldumgebung am Austritt des Wurmbachtals führt diese Wald- und Aussichtswanderung über den Ramberg zum höchstgelegenen Kur- und Erholungsort im Ostharz, nach Friedrichsbrunn.

▶ Ausgangspunkt ist die Kirche (erbaut 1869) im Ortszentrum von Stecklenberg **01** 📷. Die Westfassade mit ihrer Mischung aus treppengiebel- und zinnenartigen Formen erinnert daran, dass dieses Gotteshaus aus Steinen der Stecklenburg erbaut wurde. Von der Kirche kann man direkt durch das Wurmbachtal wandern (auf der Wurmtalstraße am Waldschwimmbad vorbei).

Bei klarer Sicht ist es jedoch lohnenswerter, den Markierung „Blaupunkt" und „x" (E 11) steil hinauf zur aussichtsreich gelegenen Ruine der Stecklenburg zu folgen. Von der Stecklenburg leitet der Europäische Fernwanderweg 11 im Wald hinauf zu den mächtigen Ruinen der Lauenburg **02**, von denen sich ebenfalls ein guter Blick auf Stecklenberg und das Harzvorland bietet. Vorbei an den Ruinen der Kleinen Lauenburg, einer Vorburg der Lauenburg, senkt sich der Weg recht steil zurück ins Wurmbachtal. Zwischen felsendurchsetzten Steilhängen führt die gelbe Dreieck-Markierung aufwärts in diesem sagenumwobenen Tal. Der Name des Felsens Femegericht erinnert an eine frühmittelalterliche Richtstätte.

Im Quellgebiet des Wurmbachs zweigt die Dreieck-Markierung am Roten Steiger unvermittelt links ab und führt durch die Waldhänge des Mailaubenkopfs in den Luftkurort Friedrichsbrunn 03. Gegenüber der Kirche zweigt von der Hauptstraße die Forststraße rechts ab, am Ende geht es kurz rechts (Bocksberg) und an der „Schützenklause" schräg links auf den mit dem Zeichen „gelbes Dreieck" markierten Wiesen- und Waldweg. Der Weg quert am Parkplatz Schirmbuche die Straße Friedrichsbrunn – Thale, taucht auf dem Weg Peterstichel wieder in die Wälder des Rambergs ein und vereinigt sich schließlich am Rastplatz An den Georgseichen mit dem E 11. Dieser führt rechts an der aussichtsreichen Georgshöhe 04 vorbei, erreicht nach Durchqueren des Reinickenbachtals den Glockenstein, senkt sich zurück ins Wurmbachtal und erreicht wenig später den Ausgangsort Stecklenberg 01.

Dein Moment für die Ewigkeit

Sanfter Kontrast

Auf den ersten Eindruck wirkt das Bild dunkel. Der dunkle Bildrahmen (Vignette) steht im sanften Kontrast zu wenigen, hellen Flächen im Mauerwerk und auf den Wurzeln. Gerade bei trüberen Lichtverhältnissen sollte man bei der Nachbearbeitung sehr dezent mit der Sättigung arbeiten. Andernfalls wirkt das Bild unnatürlich.

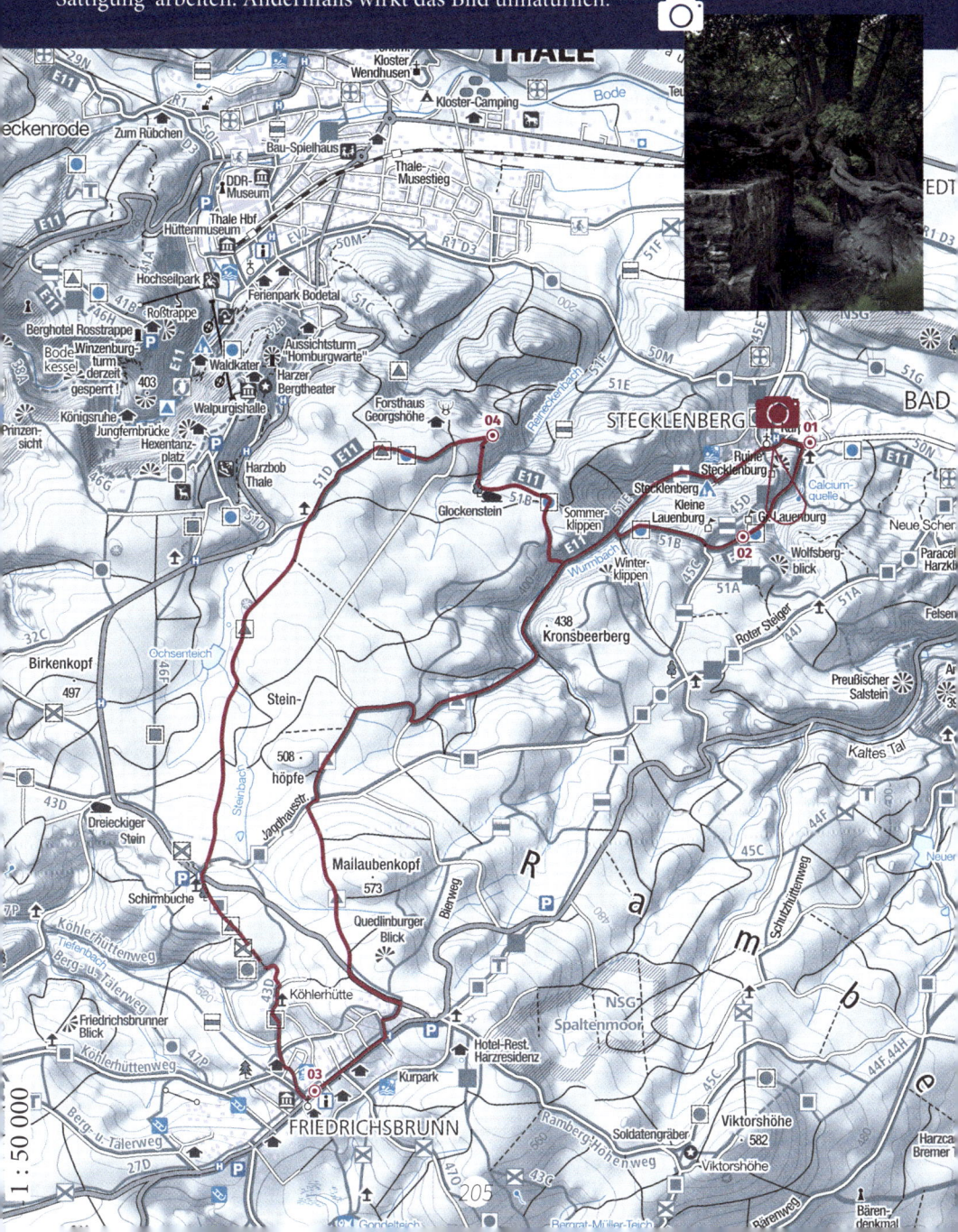

30 Weit voran, hoch hinaus!

Auf diesem langen Weg finden sich gleich mehrere, abwechslungsreiche landschaftliche und kulturelle Orte. Unter anderem liegen die Sicht auf die freistehenden Gegensteine von Ballenstedt, die man erklimmen kann, die Burg Falkenstein und die Selkesicht auf dem langen Weg aus dem naturgeschützten Selketal bis nach Gernrode!

Bilder von**: Jennifer Hartung @_jennyhartung**

Mägdesprung – Ballenstedt – Gernrode

Tourencharakter
Leichte Wiesen- und Waldwege.

Start und Ziel
Bahnhof Mägdesprung der Selketalbahn an der Bundesstraße B 185 von Harzgerode nach Ballenstedt.

Schwierigkeit: **leicht** - mittel - schwer
Dauer: **7:00 h**
Länge: **26,0 km**
Aufstieg **540 hm**
Abstieg **570 hm**

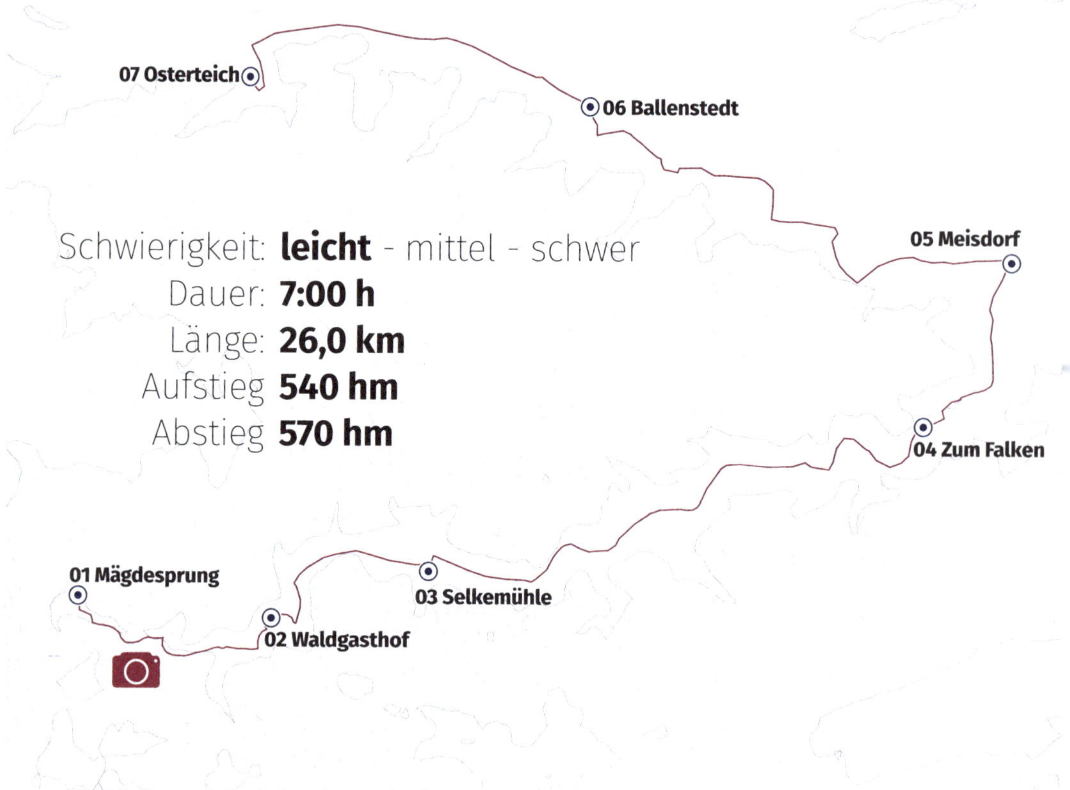

07 Osterteich
06 Ballenstedt
05 Meisdorf
04 Zum Falken
03 Selkemühle
02 Waldgasthof
01 Mägdesprung

Höhenlinienmodell mit Streckenverlauf

Höhenprofil

01
02
03
04
05
06
07
km
0
5
10
15
20
26

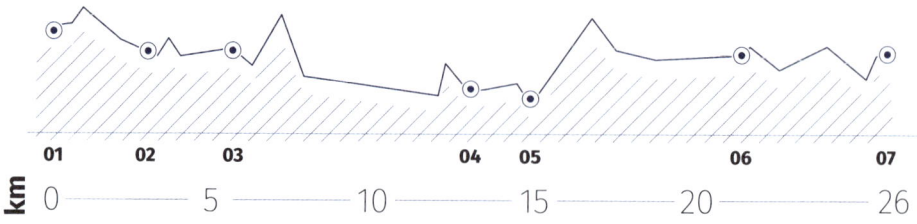

Dem Geier gleich,
Der auf schweren Morgenwolken
Mit sanftem Fittich ruhend
Nach Beute schaut,
Schwebe mein Lied.

Johann Wolfgang von Goethe (1749-1832), Harzreise im Winter (1777)

Der Selketal-Stieg folgt dem Fluss durch eines der schönsten Unterharz-Täler zum Barockschloss Meisdorf, wechselt hier in die Wälder am Harznordrand und führt zum Schloss Ballenstedt und in den Luftkurort Gernrode, an dessen Badesee Osterteich die Selketalbahn zurück zum Ausgangspunkt Mägdesprung fährt.

▶ Mägdesprung **01** liegt im mittleren Selketal zwischen der Stadt Harzgerode, der ehemaligen Residenz des Fürstentums Anhalt-Bernburg-Harzgerode, und der Viktorshöhe, deren Granitstock den Fluss aus der Nordrichtung nach Osten ablenkt. Die Geschicke des Orts wurden durch eine 1646 gegründete anhaltinische Eisenhütte ge-

209

prägt; das Hüttenmuseum Carlswerk und die Alte Schmiede in Mägdesprung dokumentieren die Jahrhunderte der Eisenhütte, die unter anderem auf dem Gebiet des Kunstgusses erfolgreich war. Am Carlswerk kann man wählen, ob man dem Selketal-Stieg auf der Stichstraße folgt oder die Selke überquert und auf dem Pfad im Wald über dem rechten Ufer 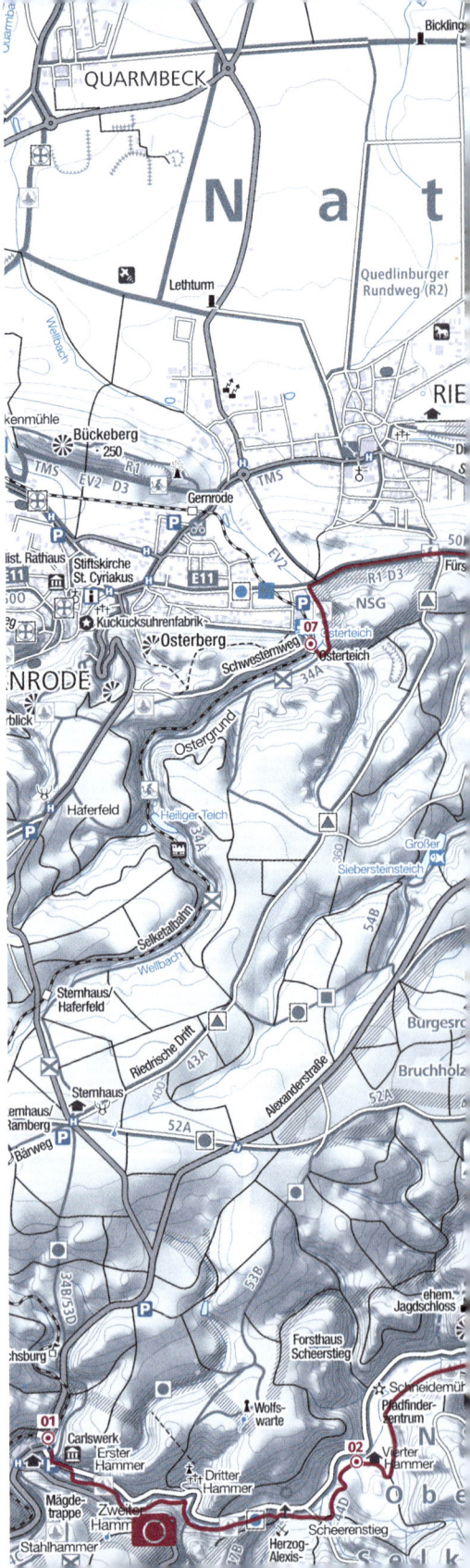 wandert. Das felsige Tal ist hier sehr eng, an der Lampe an der engsten Stelle des Tals stehen die Felsen auf beiden Seiten des Flusses nur 15 m voneinander entfernt.

Am Vierten Hammer kann man den Hunger im Selketaler Waldgasthof **02** stillen, und an der ehemaligen Selkemühle **03** beginnt das Naturschutzgebiet Selketal (vgl. Tour 24). Oben grüßt die Burg Falkenstein ins Tal hinab, der Steig führt zum Hotel Zum Falken **04** und zum barocken Schloss Meisdorf **05**.

Hier verlässt der Wanderweg das Selketal und führt links durch die Wälder zum Schlosspark in Ballenstedt **06** mit eindrucksvollem Blick auf die Felsformation Gegensteine. Im Wald geht es westwärts weiter mit Blick auf die Roseburg, wenig später erreicht der Wanderweg am Ortsrand von Gernrode den Badesee Osterteich **07** mit der gleichnamigen Haltestelle der Selketalbahn: mit dieser fährt man zurück zum Ausgangspunkt Mägdesprung **01**.

Dein Moment für die Ewigkeit

Anschneiden und Abschneiden

Die abgeschnittene Stirn oder die abgeschnittenen Füße sind auf einem Bild oft schmerzhaft.
Der angeschnitte Fels und der angeschnittenem Fluss stören jedoch nicht. Wie kommt das?
Entscheidend ist was du zeigen willst. Panorama – Supertotale – Totale – Halbtotale …
Hier ist nicht der Anspruch den ganzen See oder Berg zu zeigen.

Weiter wandern

Auf den Geschmack gekommen? Der Harz bietet ein wahres Füllhorn attraktiver Spaziergänge, Wanderungen und Bergtouren. Hier findest du nützliche Infos und Adressen.

KOMPASS-Wanderkarten – eine Auswahl

2-teiliges Kartenset 450 **Harz**, 1:50.000
Wanderkarte 455 **Brocken,**
Nationalpark Harz, Oberharz, 1:25.000
Wanderkarte 451 **Westlicher Harz**,
1:50.000
Wanderkarte 452 **Mittlerer Harz**, 1:50.000
Wanderkarte 453 **Östlicher Harz**, 1:50.000

KOMPASS-Wanderführer

Wanderführer 5240 **Harz**

Viele weitere Titel auf www.kompass.de

Touristische Informationen

Harzer Tourismusverband e.V.
Marktstraße 45
38640 Goslar
Tel. +49 5321 3404-0
info@harzinfo.de
www.harzinfo.de

**IMG – Investitions- und Marketing-
gesellschaft Sachsen-Anhalt mbH**
Am Alten Theater 6
39104 Magdeburg
Tel. +49 391 568 99 88
tourismus@img-sachsen-anhalt.de
www.sachsen-anhalt-tourismus.de

Tourismus Marketing Niedersachsen GmbH
Essener Straße 1
30173 Hannover
Tel. +49 511 27048840
info@tourismusniedersachsen.de
www.reiseland-niedersachsen.de

Thüringer Tourismus GmbH
Willy-Brandt-Platz 1
99084 Erfurt
Tel. +49 361 3742-0
service@thueringen-entdecken.de
www.thueringen-entdecken.de

Nationalparkverwaltung Harz
Lindenallee 35
38855 Wernigerode
Tel. +49 3943 5502-0
poststelle@npharz.sachsen-anhalt.de
www.nationalpark-harz.de

Naturparke
Naturpark Harz in Niedersachsen, in
Sachsen-Anhalt und im Mansfelder Land
www.harzregion.de
Naturpark Südharz in Thüringen
www.naturpark-suedharz.de

Harzklub
Am Alten Bahnhof 5a
38678 Clausthal-Zellerfeld
Tel. +49 5323 81758
info@harzklub.de
www.harzklub.de

Wetter im Harz
www.harzinfo.de/planen-uebernachten/
das-wetter-im-harz
www.ndr.de/nachrichten/wetter
www.mdr.de/sachsen-anhalt/wetter

Deine Orientierung

Für das Navigationsgerät deiner Wahl haben wir alle Touren als GPX-Track zum Download.

Du planst und navigierst lieber digital? Dafür haben wir alle Touren auf unserer Webseite für dich.

www.kompass.de/gpx

Damit kommst du direkt zum Download-Bereich. Einfach das richtige Produkt auswählen, herunterladen und auf das Zielgerät oder in die gewünschte App importieren.

GPX-Track

GPX ist ein Datenformat für Geodaten. Mit einem GPX-Track bekommst du die rote Linie, also den Pfad, als geografische Koordinaten.

N 47° 24' 50.0076"
E 10° 20' 48.0336"

N 47° 23' 35.9988"
E 10° 22' 50.9988"

Impressum

© KOMPASS-Karten GmbH, Karl-Kapferer-Straße 5, A-6020 Innsbruck

1. Auflage 2021 (21.01)   Verlagsnummer 1684

ISBN 978-3-99044-992-9

Konzept und Bildnachweis

Konzept & Gestaltung:
Thomas Kargl (KOMPASS-Karten)
Projektleitung:
Miriam Weber (KOMPASS-Karten)
Text und Fotos (soweit nicht anders angegeben):
KOMPASS-Karten
Titelbild: Am Oderteich von Jonas Arnold
Grafische Herstellung: KOMPASS-Karten
Bildnachweis aufgelistet mit der Seitenzahl nach Fotografen:
Jessica Cramme: 4/5, 18/19, 25, 82/83, 85, 86, 88/89, 91, 92, 113, 115, 116, 137, 139, 140, 154/155, 157, 158, 160/161, 163, 165, 166, 168, 171, 172, 174/175, 177, 178, 180/181, 195, 197, 198, 212, 213, 215; Janis Wieczorek: 1, 2/3, 18, 118/119, 121, 122, 124/125, 127,128, 143, 145, 146, 182/183, 185, 186, 188/189, 191, 192; Sebastian Wilczewski: 46, 49, 50, 52/53, 55, 56, 65, 67, 68, 200, 203, 204; Jonas Arnold: 70/71, 73, 74, 95, 97, 98; Felix Rohlfs: 35, 37, 38, 40/41, 43, 44, 212, Cover Rückseite; Florian Stein: 28/29, 31, 32, 100/101, 103, 104; Jennifer Hartung: 107, 109,110, 207, 209; Cindy Licht: 76/77, 79, 80; Dennis Krüger: 130/131, 133, 134; Anna Brockmöller: 148/149, 151, 152; Annemarie Dunkel: 58/59, 61, 62; Fabian Künzel: 21, 22; Elke Haan: 19

Alle Angaben und Routenbeschreibungen wurden nach bestem Wissen gemäß unserer derzeitigen Informationslage gemacht. Die Wanderungen wurden sehr sorgfältig ausgewählt und beschrieben, Schwierigkeiten werden im Text kurz angegeben. Es können jedoch Änderungen an Wegen und im aktuellen Naturzustand eintreten. Wanderer und alle Kartenbenützer müssen darauf achten, dass aufgrund ständiger Veränderungen die Wegzustände bezüglich Begehbarkeit sich nicht mit den Angaben in der Karte decken müssen. Bei der großen Fülle des bearbeiteten Materials sind daher vereinzelte Fehler und Unstimmigkeiten nicht vermeidbar. Die Verwendung dieses Führers erfolgt ausschließlich auf eigenes Risiko und auf eigene Gefahr, somit eigenverantwortlich. Eine Haftung für etwaige Unfälle oder Schäden jeder Art wird daher nicht übernommen. Für Berichtigungen und Verbesserungsvorschläge ist die Redaktion stets dankbar.

Erzähl uns von deinen Abenteuern auf Instagram und Facebook mit:

#folgedeinemKOMPASS

*#folgedeinem***KOMPASS**